New Life

New Life

祕典
卡巴萊恩

5000年來無人能出其右
失落的赫米斯7大宇宙法則

The Kybalion

暢銷
紀念

三位隱士 / 著
張家瑞 / 譯

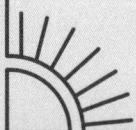

New Life
37

祕典卡巴萊恩（暢銷紀念）

5000年來無人能出其右，失落的赫米斯7大宇宙法則

原書書名　The Kybalion
作　　者　三位隱士
譯　　者　張家瑞
特約美編　李緹瀅
特約編輯　李驊梅
主　　編　高煜婷
總 編 輯　林許文二

出　　版　柿子文化事業有限公司
地　　址　11677臺北市羅斯福路五段158號2樓
業務專線　（02）89314903#15
讀者專線　（02）89314903#9
傳　　真　（02）29319207
郵撥帳號　19822651柿子文化事業有限公司
投稿信箱　editor@persimmonbooks.com.tw
服務信箱　service@persimmonbooks.com.tw

業務行政　鄭淑娟・陳顯中

初版一刷　2018年03月
二版一刷　2025年04月
定　　價　新臺幣399元
I S B N　978-626-7613-38-2

～柿子在秋天火紅 文化在書中成熟～

國家圖書館出版品預行編目(CIP)資料

祕典卡巴萊恩（暢銷紀念）：5000年來無人能出其右，失落的赫米斯7大宇宙法則 / 三位隱士著；張家瑞譯. -- 二版. -- 臺北市：柿子文化事業有限公司, 2025.04
面；　公分. -- (New Life ;37)
譯自：The kybalion
ISBN 978-626-7613-38-2(平裝)

1.CST:神祕主義
143.65　　114003106

＊真心強推＊

李欣頻，創意人、作家

＊口碑好評＊

如果我們細細思忖自身的存在，會發現自己所擁有的生命，以及在成長過程中的每次思考與探索，都是建立在堪稱為奇蹟的「一連串巧合」之中，我們越過宇宙如此久遠的沉寂與荒蕪，以獨一無二的姿態存在於此，每每想到這點，就不禁對生命懷抱著虔敬；而我們為何以「生命」存在於此？我們的「心智」為何能夠思量各種精微的層面？這正是許多神祕哲學所聚焦的重要主題。

《祕典卡巴萊恩》以赫米斯七大法則來探討宇宙奧祕，七大法則告訴我們，名為生命的奇蹟，源自於物質背後的偉大心智所構思，於是無序且離散的宇宙開始有了意義，而我們從中所經歷的一切，有著更加深遠精妙的面向，我們不只是物質與能量的慣性運作，其中還存在著更為靈活的心智，我們可以觸類旁通地意識到不同的頻率，以決定要用什麼狀態來應對因果的律動潮汐，如何陶冶精煉、如何待人接物、如何有意識的轉化你所身處的現實，這便是赫米斯的煉金之道，也是你我修持精進的智慧引導。

——**《一個台灣巫師的影子書》**

當真理之光轉為黯淡時，總有一群人願意忠實照料真理的聖壇，為智慧的永恆之燈奉獻一生。過去僅有少數人在努力，而今日，準備好迎接真理的大眾已然打開心門，赫米斯煉金哲學啟蒙你的心智振動，成為具有影響力的「因」，而不是受到影響的「果」。

——**上官昭儀，療癒科學教育家、美力系統創辦人**

很多人都聽過赫米斯的七大宇宙法則，但是找到的資料經常只有片斷難解的格言，好似可以任意附會解釋。然而，這背後隱藏的道理在悠長的歷史中透過口耳相傳的方式留傳到近代，不同於一般的學問而被稱為奧祕學（或神祕學）；這種口傳的奧祕學在猶太神祕教派中被稱為卡巴拉。

本書作者想必也是透過口授心傳的方式繼承了相關知識，但又想讓這樣的知識更廣為流傳，因此就把這些格言的解釋方式寫下來，讓更多人可以了解奧祕學的道理；事實上，奧祕學的原理流傳久遠，歷代傳承者都需要依其時代進行解釋，才能讓當時的人更精確理解，因此作者使用了許多現代的例子來解釋，並不違背奧祕學的原義。

當然整個奧祕學的知識遠比本書所提到的更為博大精深，以本書作為起點來研究有助於快速掌握許多重要概念，讓我們在進一步探索奧祕學時能有良好的基礎；要注意的是，奧祕學的文本通常有許多層次的涵義，千萬不要匆匆讀過一次就自以為完全了解，若是能再三回頭閱讀並思考，必定有更進一步的收穫。

——**丹尼爾，塔羅教父**

收到編輯部的邀稿信，好奇之下看了前言，赫然發現這和神祕學界中鼎鼎有名的《翠玉錄》（Emerald Tablet，或Smaragdine Table）大有關係。赫米斯是水星之神，象徵人類的智慧，包括語言、文字跟各種象徵學。一般來說，人們對祂有兩種評價，一種是祂非常偉大，所有人類的智慧都源自於祂，另一種是說祂背離了真正的智慧，流於俗氣的世故聰明，就是一般說的凡人智慧，比不上真正偉大的智慧。

此外，赫米斯的另一個身分是亡靈的接引者，也有兩岸之間橋梁的意思。

有一個小故事可以說明人們對祂評價的兩面：據說赫米斯發明了文字以後，高興地跑去見太陽神阿波羅，說：「我發明了文字，這個東西非常有用，不用再透過語言，可以被記錄，以後所有的東西都不會再流失，可以永遠傳承下去了。」但是阿波羅卻回答祂：「這個東西像魔法一樣，縱使可以被記錄，但它也有可能造成更多誤解、謊言跟虛假，這個發明並不是好東西啊！」這些說法就是一體兩面的意思，水能載舟，也能覆舟——大家都知道文字傳承了多少智慧，又造成了多少虛假與誤解。

如果細讀本書，你會發當中的概念有吸引力法則的身影，其實吸引力法則的前提就是思想和言語，正是赫米斯所象徵的。話說回來，先不論文字、語言的雙面刃效應，對凡人來說，赫米斯當然是偉大又有智慧的！就像佛陀跟迦葉的拈花微笑的故事一樣，文字跟語言能夠傳承的東西雖少，但對我們來說已經夠多，而且值得再三閱讀和思考，甚至以此為基礎，探看更多宇宙的真相。

——**天空為限，知名占星師、塔羅老師**

近代最神奇的書籍，在二十世紀初騰空出現而無人知曉作者其誰，內容竟承載著神祕學的奧祕：自古相傳的赫米斯密術（Hermetica）——赫米斯哲學。這個不傳之祕、不立文字的學說，向來只以寥寥的格言形式流存下來，後人想要學習是頗為困難的。

這本自稱小品的著作，揭示並詮釋學說中最核心和精要的部分，並闡發了卡巴萊恩保留的格言，精準地掌握表達了古代智慧的原意，行文卻完全是現代人看得懂的語言，讓讀者能充分瞭解自古相傳的真諦。這是一部傳承西洋神祕學的最高深奧義——赫米斯哲學的最佳典籍，言簡意賅的將這門學說的梗概、淵源脈絡和內涵要義都闡述了。這本典籍的問世，標誌著近代神祕學風潮繼遠古以來的復興，成為往後持續風行的肇端。

赫米思的奧祕之學是神祕學的根本真理。我常向學生說明，想精進西方神祕學，需要熟習三門學術根底，這三領域彼此相輔相成，就是煉金術、卡巴拉（生命之樹）與密法或密術。然而，密術的部分卻一直難有外文的資料和著作提供學習，更不用說中文的書籍了。而今，全臺第一本赫米斯密術的書籍，並且是最古老的祕典以新時代的智慧寫成的經典之作，已經譯為中文成書出版，實屬難能而可貴。這也表示身心靈和神祕學蔚為流行的臺灣，已完全能和世紀的、全球的神祕學潮流完全連結上了。

讀通這本書，相信你將能對宇宙法則了然於胸、掌握神祕學精髓和Know How，從而擁有深厚的功底。書中揭示的是統合一切的高層法則，勝過許多心靈書籍的單項法則，如能理解、體悟再加上運用，必能從中獲益良多。

——星宿老師（林樂卿）Farris Lin，**占星協會會長**

偉大的赫米斯．崔斯莫吉斯堤斯在埃及被稱為圖特，圖特創造了文字、數學、建築學等一切科學，被尊為知識之神，據說肉身活了三百年，曾經是摩西的導師。圖特和金字塔的關係非常密切，金字塔有時被稱為「圖特的聖地」。希臘人有為其他國家的神名改成希臘名的習慣，喜歡選擇意義相同的希臘名字，希臘人把圖特翻譯為「赫米斯」，赫米斯．崔斯莫吉斯堤斯（三倍偉大的赫米斯）。「Hermes（赫米斯）」的詞根是希臘語「Herma」，意思是一堆石頭（Hermes有石柱之意）。這個名字非常適合一位傳說中設計大金字塔的神靈，據說他把知識雕刻在石頭上，希臘人相信他是金字塔建築師。

馬爾西里奧．費奇諾（Marsilio Ficino，文藝復興主要推動者）於一四六三年應麥地奇（Medici）家族的要求，將希臘文的《The Corpus Hermeticum》（《與上天心智合一．赫米斯密封之術》，柿子文化出版）翻譯成了拉丁文，並於一四七一年首次印刷，成為了現代赫米斯主義的起點。神祕主義是西方文化記憶的暗流之一，從來都不是主流，但也沒有完全被邊緣化或完全遺忘。這本神祕的書文在藝復興的重新發現，而中世紀對此卻毫無所知。

可以肯定的是，一四六三年完成的《與上天心智合一．赫米斯密封之術》手稿和費奇諾的譯本的出現，確實標誌著一場思想革命，而「三倍偉大」意味著大師中的大師，還有另一種解釋，那就是赫米斯學被分為三大分支：煉金術、占星術、巫術，此三者被稱為「宇宙智慧的三個面向」。

赫米斯主義認為，感情和思想都有著自己的頻率。無條件的愛是最高的震動，仇恨是最低的震動。變化的本質，就是生命。時間是虛幻的本質，對宇宙而言，沒有過去、現在、未來，只有永恆。許多歷史上偉大的人物，達文西、哥白尼、牛頓、榮格……都承認受惠於赫米斯哲學。赫米斯被認為是奧祕學之父、占星術的創始者。

——吳安蘭，資深占星學專家

對生命疑惑求解的人，必讀！如果說人生是大海、叢林或沙漠，《祕典卡巴萊恩》就如北極星在夜空中靄靄放光。當然，你不必需要它才能走出大海、叢林或沙漠，但如果你能看懂，不論身處何處，你都能看清自己的位置，找到下一個方向。

——林許文二，柿子文化總編輯

奧祕的知識經常關於某種和諧之道：身與心、理性與感性、物質與精神，以及天地人之間的和諧。和諧之道的修練會讓我們覺知真正的力量，強化連結的能力。然而，在漫長的歷史中，奧祕知識受到政治和宗教的強力壓迫，知識系統也因為教條的束縛而產生靈性的斷裂。

現在進入了大轉變的時代，過去被嚴謹守護的奧祕知識得以公開流傳，幫助我們重新走向整合與和諧。從上個世紀開始，大量的靈性訊息被傳遞，帶來更多意識的開展，而《祕典卡巴萊恩》會是很好的入門與自我準備的工具。書中所述的七大法則，不但是各種奧祕學問的基礎，也能和科學互相整合。簡潔而提綱挈領，能幫助我們在資訊氾濫的時代維持有效的認知核心，去辨認最適合自己的精神成長路徑。

——張明薰，「J&S星象研究學院」網站作者與講師

人類文明的發展雖然因時空與文化背景有所差異，但宇宙運行的實相真理卻是永恆不變的，卡巴萊恩提到赫米斯的七大宇宙法則、心智轉化等等理論，非常巧合的是，我創辦的《量子轉念引導技術》與系列課程的核心理論，與之是不謀而合的。舉例來說——

◊唯心法則的「萬物唯心造，宇宙即心像」。

◊能量振動法則的「沒有什麼是靜止的，一切都在運行，一切都在振動」。

◊因果法則的「有因就有果，有果就有因。一切都依據定律而發生，『偶然』，只是未被瞭解的定律，原因有各種不同層級，但沒有任何一個能跳脫定律之外」。

此外，心理學的三大巨頭之一——卡爾．榮格發表過的「共時性」理論，也有異曲同工之妙。

以我多年的親證，這些古老的真理智慧是絕對可以被證實的。拿發生在我身上的實際例子來說好了：二〇一七年六月上旬，我「決定」開始著手準備關於集體意識場、意識進化、多維時空意識的交流等等的內容，與如何自行加以運用之方法的新書寫作，很意外的，六月三十日就收到主編高煜婷小姐的E-mail邀請為本書推薦？我當然意識到這是集體潛意識場的回應，立馬就同意了，當下我並不認識柿子文化的任何一位工作者，更不用說高小姐了。

我曾私下電郵詢問高小姐，是什麼緣故找上我為本書推薦，得到回覆是在書店翻一些新時代的書時，在某本書有看到我的推薦，才開始找尋我的。接著，我這兩天收到了在誠品書局訂的書，其中一本是希恩的書，而且是柿子文化出版的，一看書的詳細資料，主編就是高小姐，突然，我想起六月七日應《當媽媽不必完美．不一樣的德式教養練習》作者皮爾斯夫人邀請餐聚，她雖然未提及到名字，但分享到柿子文化在編這本書的用心，立即到書架取這本書看詳細資料，果然跟心裡的直覺聲音一樣，主編依然是高小姐。

這些原本零散在生活裡，看似毫無關聯的碎片瑣事，其實都有它的「原因」。

從我在物質世界幻象中覺醒，並打從內心的臣服於宇宙智慧真理後，這四年多來，這種意識與意念的訊息頻率交流的頻繁程度，已經緊密到習以為常，就像是呼吸、飲食、睡眠、新陳代謝般的自然，讓我愈來愈臣服於集體潛意識場的智慧。關注並實踐宇宙實相的智慧真理，不會使我因為關注靈性的唯心法則而與三維時空的唯物世界脫節，反倒讓自己更能夠心物合一成為無違和的生活實相。

我很榮幸能夠推薦這本書給喜歡探索生命智慧的朋友們。

無限的愛與感謝，回歸靈性的平安。

——陳嘉堡，《量子轉念引導技術系列課程》創始人、《量子轉念的效應》作者

目錄 Contents

推薦
真心強推 3
口碑好評 3

前言
開啟所有奧祕學說的智慧之鑰 17

1 赫米斯哲學 23
智慧之唇是緊閉的，除非遇到能夠理解的耳朵……

2 七大赫米斯宇宙法則 33
真理的宇宙法則共有七項，能夠領悟這些法則的人就擁有智慧之鑰……

3 心智轉化 49
心智（以及金屬和元素）在狀態、程度、情況、極點和振動能量上，是可以相互轉變的……

4 造物者 57
隱晦在宇宙的時間、空間和變化下那個恆久不變的實質現實就是——根本的真理……

5 心靈宇宙 69
宇宙是心靈性的——全掌握在造物者的心智裡……

6 似非而是的宇宙觀——悖論定律 81
轉化法並非狂妄的否定，而是達成精通真理之術的武器……

7 一切之中的「造物者」 95
一切都存在於造物者之中，而造物者也存在於一切之中……

8 各層級之間的一致性 109
其下如其上，其上如其下……

9 能量振動法則 129
沒有什麼是靜止的，一切都在運行，一切都在振動……

10 兩極法則 139
所有事物都是兩極性的，任何東西都有兩極，凡事都有正反兩面……

11 律動循環法則 149
鐘擺式的律動存在於所有事物中，向左和向右的擺幅一致，兩邊的律動相互補償……

12 因果法則 159

有因就有果，有果就有因。一切都依據定律而發生，「偶然」，只是未被了解的定律……

13 **陰陽法則** 171
陰陽存在於萬物之中，凡事都有其陰陽法則……

14 **心智陰陽法則** 181
真正的赫米思轉化法是一門心智上的藝術……

15 **赫米斯格言** 195
擁有知識，若不使用或表現於行為之中，就像儲藏起來的財寶一樣，只是無用又愚蠢的東西……

前言

開啟所有奧祕學說的智慧之鑰

我們很榮幸地向各位學習者和研究學者們呈現這本以古老的赫米斯學說為基礎而寫成的「宇宙神祕法則」小品，儘管在奧祕學說方面已有數不清的參考文獻，但在這個主題上的相關作品卻少之又少，因此許多熱切追尋奧義真理的人，無疑地會十分欣喜於這本作品的問世。

本書的目的並非要闡揚任何特殊的哲理或信條，而是要傳授給學習者們有助於調和他們剛學到的許多奧祕知識的真理；由於這些真理看起來相互對立，因此往往會使初學者在研究過程中感到灰心和厭惡。我們並未企圖樹立一個新的知識殿堂，而是要將能夠開啟神祕殿堂內許多扇門的智慧之鑰，交給已經跨入門檻的學習者。

世界上沒有任何奧祕學說能夠像赫米斯學說所流傳下來的每個部分那樣被嚴謹的守護，它自「神的書記官」——偉大的赫米斯・崔斯莫吉斯堤斯在今日人種尚在發展初期的古埃及時創建以來，歷經數千年歲月而不墜地傳給今日的我們。如果傳說是真的，那麼赫米斯便是同時期的聖賢亞伯拉罕的導師，他在當時是（現在也是）奧祕學說的偉大中心點，像太陽一樣光芒四射，啟蒙了自他之後所發展出的無數學說。**每個民族中所有神祕學說的基礎理論，都可以追溯到赫米斯學說，即使最古老的印度哲學，也無疑是發源於赫米斯學說。**

許多高深的神祕學者從恆河流域遊歷到埃及，最後臣服在赫米斯大師的智慧之下。赫米斯給予他們的智慧之鑰，將他們分歧的觀念加以解說與調和，因此成就了屹立不搖的神祕學說。也有來自其他地方的學習者，他們全都把赫米斯奉為大師中的大師，他的影響卓鉅，儘管千百年間各地的導師在思想上歷經飄搖動盪，但從今日各地的神祕學者所懷抱和傳授的相當分歧的理論當中，仍能找出某些相似與一致的基礎。

研究比較宗教學的學習者，應該能感受到赫米斯學說對每個值得一提、為人所知的宗教的影響力——無論是早已失傳的或仍十分活躍於現代的宗教；在它們相互矛盾的特質中仍存有某種一致性，而赫米斯學說就是那偉大的調和者。

赫米斯的畢生研究，並未建立起一個能夠統御世界思想的哲學學派，倒像是撒下了偉大真理的種籽，然後以各種不同的方式成長、開花。不過，他所傳授的根本真理，都被每個時代的少數人完整無缺地保留住其原始的純粹性，他們拒絕了無數帶藝求師的學習者和跟隨者，並謹遵赫米斯的習俗、慣例，為準備好探究與精通此學說的人保存了這些真理。在世界各地的每一個世代裡，總有幾位傳承赫米斯學說聖火的啟蒙者，當真理之光轉為黯淡，被歪理遮蔽、當燈芯被雜質阻塞時，他們願意用自己的明燈重新點亮外在世界的星火之光。總有一些人願意忠實地照料真理的聖壇，看守著智慧的永恆之燈。這些人為了愛的付出而奉獻其一生，詩人在詩句裡是這麼貼切地讚頌：

「噢，在黑暗洞穴裡、在聖殿中世代受到守護的火焰，別讓它熄滅！純潔的教士以愛培育它——別讓它熄滅！」

這些人從不爭取世俗的認同，也沒有眾多的追隨者，然而，他們對此毫不介意，因為他們知道，每個世代裡只有極少數的人會準備好迎接真理，或看出已經呈現在他們面前的真理。

當別人在「為孩子準備乳汁時」，這些人已在為人們「儲備優質的肉品」。他們為少數的被選定者保存智慧的珍珠，被選定者能夠看出珍珠的價值並戴在他們的冠冕上，而不會扔在粗鄙的豬玀面前——豬玀只會將智慧的珍珠踐踏於泥濘之中，並摻和在他們令人作嘔的精神食糧裡。他們從未忘記或忽略原始的赫米斯哲學，以口授傳承給準備好接納真理的人，關於這一點，在《卡巴萊恩》裡是這樣說的：「大師足跡所經之處，有備者已引頸盼望聞其道。」還有：「當學習者的耳朵準備好聞道時，大師之口便以智慧授之。」他們一貫的態度與另一則赫米斯格言也相當吻合，這在《卡巴萊恩》裡也有描述：「智慧之唇是緊閉的，除非遇到能夠理解的耳朵。」

有人批評赫米斯學者的這種態度，並宣稱他們這種隱世與緘默的原則違反了修道者的正當精神，但只要回顧一頁頁的歷史，就能看出大師的智慧所在——他們知道，教導這個既未準備好也不願接受真理的世界是極其愚蠢的行為。赫米斯學者從未想要成為殉道者，他們選擇在「圍著他們喧囂狂怒的異教徒」把處死及折磨赫米斯狂熱追隨者（這些追隨者正直誠實且誤以為自己能夠強迫一群野蠻人接受那只有在真理之路上努力前進而被選定者才能了解的真理）當作司空見慣的娛樂時，噤聲坐在一旁投以憐憫的微笑。

就算如此，迫害的惡習並未從這塊土地上消失。如果有人公然傳布某種赫米斯學說，就可能會受到導師的攻擊和群眾的輕蔑與謾罵，他們高喊：「釘在十字架上處死！」

在這本小品裡，我們並不會鉅細靡遺的去研究卡巴萊恩的學說義涵，而是要致力於為你建立卡巴萊恩基礎學說的概念，盡力提供你研究的法則，好讓你能夠自行應用。如果你有心學習，你將會研究出這些法則的真諦並好好應用；但若你還不是赫米斯哲學的學習者，你必須讓自己準備好，否則赫米斯學說對你而言只是一堆沒有意義的文字。

三位啟蒙者（隱士）

1

赫米斯哲學

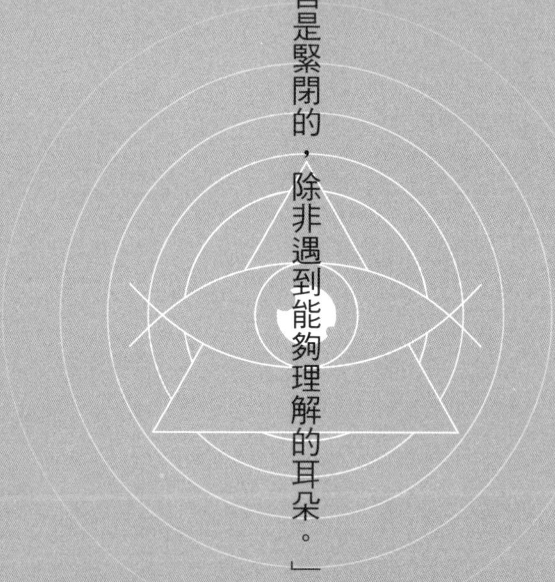

「智慧之唇是緊閉的，除非遇到能夠理解的耳朵。」

——《卡巴萊恩》

這個從古埃及起就存在著神祕而深奧的學說，數千年以來深深影響了所有民族的哲學、國家和人民。金字塔與人面獅身像的家園——埃及，是祕密智慧與神祕學說的發源地，所有國家都採納她的奧祕學說。印度、波斯、加爾底亞、米底亞、中國、日本、亞述、古希臘與羅馬及其他文明古國，都盡情參與了這場知識的饗宴。埃及女神伊西絲（Isis）領土上的導師與大師們，無私地將這樣的智慧提供給有備而來的參與者，探究由古國智者所匯集的大量神祕與深奧學問。

古埃及的偉大天才與大師，智慧無人能出其右，也鮮少有人能夠與之並駕齊驅，他們自赫米斯時代開始，好幾世紀以來就居於特殊階級的地位。當新的信徒進入聖殿之後，他們也跟隨傳道者、精通的專家與大師的腳步走向世界各地，迫不及待地將珍貴的知識欣然傳授給準備好接納的人。奧祕學的所有學習者都有這樣的認知——他們欠古國那些德高望重的大師們許多恩情。

然而，在這些偉大的古埃及大師裡，有一個人被推崇為「大師中的大師」。這個人（如果他是真的「人物」）活在埃及最古老的年代，**他的名字是赫米斯・崔斯莫吉斯堤**

斯，**他是奧祕智慧之父，也是占星術的創始者、煉金術的發現者。**儘管在數千年前，有好幾個古國宣稱該國是他的出生地，並為了這項榮譽相互爭論駁斥，但由於歲月的流逝，關於他生平故事的細節已散佚於歷史之中。

赫米斯在這個世界的最後一次現身，也就是他旅居埃及的時間，已不得而知，但肯定是在埃及最古老的朝代中——早在摩西出現之前。可靠的權威專家認為他與亞伯拉罕同時期，而在悠遠的猶太傳說中，亦宣稱亞伯拉罕獲得赫米斯親自傳授部分神祕知識。

赫米斯此世的生命消殞之後（傳說他的肉身活了三百年），經過若干歲月，埃及人將他奉為埃及的神明之一，尊號「圖特」（Thoth）。多年以後，古希臘人也尊奉他為希臘人的神祇之一，並且讚頌：「赫米斯，智慧之神。」好幾個世紀以來——沒錯，是幾千年——埃及人都推崇他的記憶力，稱他為「神的書記官」，並特別授予他一個德高望重的稱號「崔斯莫吉斯提斯」（Trismegistus），意思是「三倍偉大」、「偉人中的偉人」或「最偉大的」等等。在所有的古國中，赫米斯．崔斯莫吉斯提斯的名字一直受到尊崇，這個名字後來變成「無窮智慧」的同義詞。

即使到了今天，「赫米斯」一詞仍然有「神祕」、「密封至滴水不漏」的意思，原因是赫米斯哲學的信徒總是能在其學說中觀察到祕密法則。他們不相信「對牛彈琴」能感動牛，而是堅信「幼弱的嬰兒喝乳汁，強壯的人吃肉」的箴言，基督教的《聖經》讀者對這兩句格言很熟悉，不過埃及人早在基督教出現的好幾世紀前就在流傳了。

這種傳布真理的謹慎策略，一直是赫米斯哲學的特色，時至今日也是如此。世界各地的所有宗教裡都能發現赫米斯學說，但他從未和任何特定的國家或宗教派別標記在一起，這是因為古聖先賢曾訓示過，這個神祕學說絕不能成為一種固定的教義——這種戒慎的智慧，對歷史中的所有學習者來說是最清楚明瞭的。

印度和波斯的古老奧祕學已然衰退，而且絕大部分都已失傳，就是由於導師轉變成傳教士、神學與哲學嚴重混雜的關係，結果使得印度和波斯的奧祕學說在宗教教義和「諸神」的群眾迷信崇拜間逐漸遺失。古希臘和羅馬的情況也是如此，同樣的還有諾斯底教派（Gnostics，基督教發展初期的一個派別，被認為是異端）與早期的基督教赫米斯學說，都在君士坦丁大帝時期失傳。君士坦丁大帝的鐵腕用神學的簾幕悶斃赫米斯哲學，使他的靈魂與精髓消失在基督教裡，讓後世學者在找到回歸古老信仰的道路之前的好幾個世紀裡，一直在黑暗中摸索前進，而現在教會正努力回歸到赫米斯神祕學說的懷抱裡——二十世紀所有細心的觀察者都看得出一些明顯的跡象。

然而，總有一些忠誠的靈魂想保持聖火的延續不絕，小心的守護它，不讓它的光芒消逝。由於他們堅定的精神、無畏的決心，我們現在才有真理的伴隨。不過，這在任何程度上都是書本裡找不到的。真理由導師傳給學習者、由啟蒙者傳給教士，都靠著口耳相傳。當真理被書寫下來以後，它的真實意義就**被煉金術和占星學的各種術語所遮蔽**，只有擁有智慧之鑰的人才能正確地讀懂。之所以必須這麼做，是為了躲避中世紀神學家的迫害，他們用火和劍、火刑柱、絞刑臺和十字架等來對抗這個宇宙的神祕法則。即使到了今天，儘管各種奧祕學的許多書裡列舉了無數關於赫米斯學說的參考文獻，但實際上我們真正能找到且可信的赫米斯哲學書籍卻寥寥無幾。

赫米斯哲學是唯一能夠開啟所有奧祕學說之門的智慧之鑰！以前曾有過關於某些基礎赫米斯法則的一種刊物，由導師傳給學習者，刊名是「卡巴萊恩」，這一詞的確切意義及內涵已失傳了好幾世紀。但是，這個學說的承繼者們仍然很清楚，他們之間口耳相傳，延續好幾世紀而不墜。

據我們所知，到目前為止，赫米斯學說從未被寫下來或付印成書。它只是一些諺語、格言和戒律的匯集，外人無法了解其意，但經過啟蒙者向新信徒解釋和舉例說明，學習者們便很容易融會貫通。

這些學說構成了「赫米斯神祕煉金術」的基本法則，與一般信仰不同的是，這些學說要處理的不是物質元素，而是**如何支配心智力量——把某種心智振動能量轉變成另一種心智振動能量**，而不是把某種金屬變化成另一種金屬。把一般金屬變成金子的「哲人之石」的傳說，是一則與赫米斯哲學有關的寓言，所有真正的赫米斯學說學習者都能很輕易的理解其寓意。

在這本小品裡的第一課，我們要邀請學習者們仔細檢視《卡巴萊恩》所闡明的赫米斯學說，也要檢視我們自己所解釋的、以及擁有啟蒙者頭銜的大師們——他們本身也是追隨赫米斯的謙遜學習者——所闡釋的赫米斯學說。我們會教你許多諺語、格言和卡巴萊恩箴言，並且用我們認為較容易被現代學習者理解的方式加以解釋與例證，尤其是原文特意使用了晦澀的措辭。

本書中原始的《卡巴萊恩》諺語、格言和箴言，為釐清其出處，會特別標示出來，而我們自己的研究則是用一般的格式印刷。我們相信，拿到這本小品的許多學習者，都能從字裡行間得到豐富的收穫，就像「大師中的大師」、「偉人中的偉人」赫米斯・崔斯莫吉斯堤斯以降的好幾世紀以來，同樣走在通往精通真理之路上的前人一樣。《卡巴萊恩》是這麼描述的：

「大師足跡所經之處，有備者已引頸盼望聞其道。」

——《卡巴萊恩》

「當學習者的耳朵準備好聞道時，大師之口便以智慧授之。」——《卡巴萊恩》

根據這樣的說法，對於已經準備好接受教誨的人，本書中的文字章句會引起他們的興趣。同樣地，當學習者準備好接受真理時，這本書便出現在他們面前；這，就是宇宙定律。赫米斯因果法則中的吸引力定律，會使傳道之口與學道之耳相遇——學道者必有適合的書伴隨。這是多麼微妙的事情！

2

七大赫米斯宇宙法則

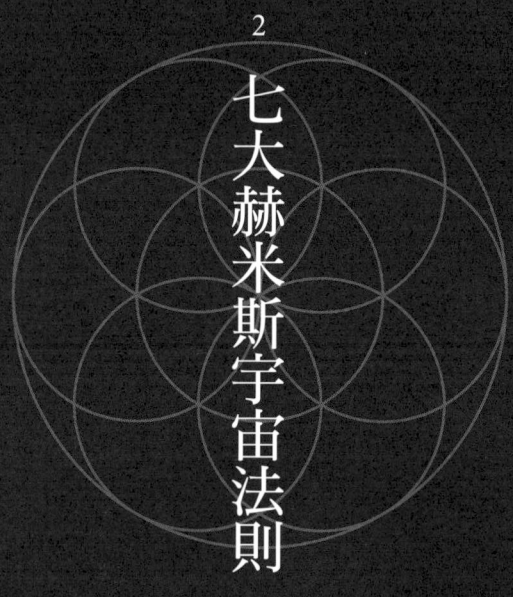

「真理的宇宙法則共有七項，能夠領悟這些法則的人就擁有智慧之鑰，殿堂裡的每扇門都為他一觸即開。」

——《卡巴萊恩》

以下我們將進入七大赫米斯宇宙法則，它們是整個赫米斯哲學的重要基礎，分別條列如下：

一、唯心法則　二、一致法則
三、能量振動法則　四、兩極法則
五、律動循環法則　六、因果法則
七、陰陽法則

我們將會在後面的章節當中陸續討論和解釋這七大法則，但現在先在本章做個簡短的說明。

唯心法則

「萬物唯心造，宇宙即心像。」

——《卡巴萊恩》

這個法則具體展現了「萬物唯心造」的真諦，指出**造物者**（是所有外在與表相的現實物質基礎，而外在與表相即我們所謂的物質宇宙、生命現象、物質、能量，簡言之，就是透過物質感官所認識到的一切）**是精神性的**，他本身是不可知也無法定義的，但是可以被當做並視為一種萬能的、無窮的、有生命的心智。

這個法則也說明了，整個萬象世界或宇宙不過是從造物者的心智中創造出來的，需遵循造物定律而運作，而宇宙整體以及其中的部分或單元，都存在於造物者的心智之中；在造物者的心智裡，我們「活著、運行，以維持我們的存在」。**透過建立宇宙的精神本質，這個法則輕易地解釋了占據絕大部分群眾注意力的各種心靈與精神現象**，若不是這樣的解釋，這些現象就毫無道理可言，也不符合科學的論述。

了解這個偉大的赫米斯唯心法則，能讓一個人迅速領悟到宇宙的精神定律，並將同樣的定律運用在其健康與發展上。修習赫米斯學說的學習者能夠聰慧地運用偉大的精神定律，而不會草率的使用。持有智慧之鑰的學習者，可以開啟心靈與精神的知識殿堂裡的許多扇門，並且自由機智地進入其中。

這個法則說明了能量、力量和物質的真實本質，和這一切如何以及為什麼都受到心智的主宰。

許久以前，有一位年老的赫米斯學說大師寫道：「領悟宇宙精神本質真諦的人，在通往精通真理的道路上暢行無阻。」這句話即使到了今天，也和當初剛寫下時一樣真切合理。若沒有這支智慧之鑰，要精通真理是不可能的，而學習者們也只能徒勞無功的敲著殿堂的門。

一致法則

「其下如其上，其上如其下。」

——《卡巴萊恩》

這個法則所包含的真諦是，在所有生物和生命各種層級的定律和現象之間，都存在著一致性。

古老的赫米斯諺語是這麼說的：「其下如其上，其上如其下。」體悟這個法則，能使一個人擁有解開許多晦暗悖論和揭開大自然祕密的能力。有些事情超乎我們所知，但當我們在這些事情上運用一致法則時，就能夠了解許多我們原本不知道的事情。

在物質、心靈與精神的世界中，這個法則是普遍適用、普遍存在的——它是一項宇宙性的法則。古老的赫米斯學者把這項法則視為最重要的心靈工具之一，藉由它，一個人可以撬開並移除暗藏於表相之後的未知障礙。它甚至可以用來揭去伊西絲女神的面紗，讓我們一窺其聖顏。就像幾何學能讓人坐在瞭望臺裡觀測遙遠的星球和它們移動的軌跡，一致法則的知識能夠讓人從「知」的範疇裡進而了解到「未知」的事情——研究基本的單細胞生物，就能進而了解偉大的天使長（天使長是統領眾天使的大天使，此指生靈中的極高層級）。

能量振動法則

「沒有什麼是靜止的，一切都在運行，一切都在振動。」

——《卡巴萊恩》

這個法則揭示的真理是「一切都在運行」、「一切都在振動」、「沒有什麼是靜止的」；這項論述已得到現代科學的認同，而且每件科學上的新發現，也都一再證實了這項論述。

數千年前的古埃及大師就已闡明過這項赫米斯法則，指出：**各種物質、能量、心智、甚至精神表現之間的差異，大部分都來自於能量振動頻率**——上從純粹的精神形式的造物者，下至形式最粗鄙的物質，一切都處於能量振動的狀態中；振動頻率愈高者，其位階也愈高。精神上的能量振動頻率是無限高與無限快的，幾乎到達看似靜止的地步——就像高速滾動的輪子看似靜止的一樣；在最底層的位階上，各種粗鄙物質的振動頻率極低，低到看似靜止不動的程度。在位階的兩端之間，有數百萬種不同程度的振動頻率。從粒子、電子、原子和分子，到世界和宇宙，所有的一切都處於振動的運動狀態中。在能量和力量層級也是同樣的道理（也有各種不同程度的振動頻率），還有心靈層級（其狀態取決於振動頻率）、甚至精神層級。

修習赫米斯學說的學習者以適當的方式來了解這項宇宙法則，就能控制自己和他人的心靈振動頻率。大師們也運用這個法則，以各種方式來克服大自然現象。一位古代的學者寫道：「了解能量振動頻率法則的人，就能掌握住王權的力量。」

兩極法則

「所有事物都是兩極性的；任何東西都有兩極；凡事都有正反兩面；像與不像是相同的；對立的事物在本質上是一樣的，只是程度上有所不同；物極必反；一切真理皆為半正確的真理；所有的矛盾觀點都可以被調和化解。」

——《卡巴萊恩》

這個法則道出的真理是「所有事物都是兩極性的」、「任何東西都有兩極」、「一切都有正反兩面」，這些都是古老的赫米斯格言。這個法則解釋了自古以來令許多人感到困惑的自相矛盾的觀點，例如：「對某事支持的論點和反對的論點在本質上是一樣的，只是程度上有所差異」、「對立的事物在本質上也是一樣的，只是程度上有所不同」、「對立的事物可以被調和化解」、「物極必反」、「凡事都有對與錯」、「一切真理皆為半正確的真理」、「所有真理都是半錯誤的真理」、「凡事都有正反兩面」等等。

這個法則指出，所有事物都具有兩極性，或相互對立的兩面，而「對立」真的只是同一件事的兩個極端，在這兩個極端之間存在著各種不同的程度。

舉個例子來說明一下：

雖然冷與熱是「相對」的，但實際上是同一件事，差異僅在於程度問題。觀察一下溫度計，你並不會看到「熱」的結束就是「冷」的開始！世上沒有「絕對的冷」，也沒有「絕對的熱」，「冷」、「熱」這兩個形容詞只是指出同一件事情上的不同程度，而「同一件事情」上所表現出的「冷」、「熱」只是能量振動頻率的不同形式。所以，「冷」和「熱」就是我們所稱的「溫度」的兩個極端——伴隨的現象就是兩極法則的展現。

同樣的法則也表現在「光明與黑暗」的例子上，光明與黑暗是同樣的事情，差別僅在於現象的兩個極端之間的各種不同程度。「黑暗」從哪兒結束？「光明」從哪兒開始？「大與小」、「軟與硬」、「黑與白」、「銳與鈍」、「吵與靜」、「高與低」、「正與負」之間的差異又是什麼呢？兩極法則解釋了這些看似矛盾的觀點，沒有其他法則能夠取代它。

同樣的法則也運行於心靈層級，讓我們舉一個極端的例子——「愛」與「恨」兩種截然不同的心理狀態。有各種不同程度的愛，也有各種不同程度的恨，在折衷的狀態上我們會用「喜歡」或「不喜歡」這樣的說法，這兩種感情彼此逐漸滲透，速度之慢，以至於有時我們會茫然不覺自己到底是「喜歡」或「不喜歡」，或者「都不是」。

所有的一切都是同一件事情上不同程度的展現，好好思考一下你就能夠體會。不僅如此，赫米斯學者認為更重要的一點是，**把一個人心中、以及其他人心中恨的振動能量改變成愛的振動能量是有可能的**。說到這裡，許多人都有過不由自主、被自己或他人輕易地迅速由愛轉恨的經驗，或是反過來的經驗。假如你也經歷過，就會了解這種經驗是有可能透過運用意志力和赫米斯哲學而產生的。「善」與「惡」是同一件事的兩個極端，赫米斯學者了解如何運用兩極法則以轉邪歸正。總之，「兩極法則的藝術」已成為古代與現代赫米斯學說大師在「心靈煉金術」上都知曉和運用的一種智慧。若一個人願意為了精通此道而投入必需的時間和研究，就會因為了解兩極法則而擁有改變自己和他人極性的能力。

律動循環法則

「一切都是流動的，有進有出；所有事物都有其潮汐，凡事有起有落；鐘擺式的律動存在於所有事物中，向左和向右的擺幅一致，兩邊的律動相互補償。」

——《卡巴萊恩》

這個法則所揭示的真理是，所有事物中都存在著有節奏的律動，在前述提到的兩極法則中，兩個極端之間就存在這樣的道理，有來有往、流入湧出、來回擺動、像鐘擺式的運動、潮汐般的起落、漲潮退潮。有作用力就有反作用力，有進就有退，有起就有落——這個道理存在於宇宙、星球、世界、人類、動物、心智、能量和物質中；這個定律展現在世界的創造與毀滅、國家的興起與衰亡、萬物的生與死，以及人類的精神狀態上（赫米斯學者發現，最後這點是了解這個法則上最重要的一點）。

赫米斯學者已然領悟這個法則、發現它的普遍適用性，也找到一些方式（透過適當的手段和辨法）來克服它在他們身上所產生的影響——他們運用的是心智中和定律。他們無法廢除這個法則，也不能令這個法則停止運作，但是他們已經學會如何靠著精通這個法則，以在某種程度上避開它對他們所產生的影響。他們學會如何運用這個法則，而不是受到這個法則的驅使，對此，赫米斯學者充分展現了他們的智謀。在兩個極端之間，赫米斯學者中的大師讓自己停在自己想要停止的點上，然後運用適當的方式中和掉將他們帶往另一端的鐘擺律動作用。所有的人在某種程度上多少都會無意識地達成這種自主性的行為，但大師卻是有意識地這麼做，並且透過意志力而取得一定層度的平衡、平靜和心靈的堅定，這對於像鐘擺一樣來回擺動的一般大眾來說，是幾乎無法想像的事。

赫米斯學者一直以來都在密切研究律動循環法則與兩極法則、反作用與中和作用的方法，以及如何運用這些法則和方法來形成赫米斯心靈煉金術重要的一部分。

因果法則

「有因就有果，有果就有因。一切都依據定律而發生，『偶然』，只是未被了解的定律，原因有各種不同層級，但沒有任何一個能跳脫出定律之外。」

——《卡巴萊恩》

這個法則指出，凡果皆有因，凡因皆有果。他說明了「一切都依據定律而發生」，從來沒有「就是發生了」這種事，也沒有「偶然」這種東西，雖然各種層級中都有因與果，但較高的層級能支配較低的層級，仍然沒有任何事物能夠完全跳脫出定律之外。

赫米斯學者了解超越於一般因果層級之上的技巧與方法，他們的理解力已達到某種相當的程度，在心智上將自己提升至較高層級，使他們成為發揮影響力的「因」，而不是受到影響的「果」；一般大眾是隨波逐流、屈服於環境趨勢的，但也有些人的意志力和欲望比一般人強。遺傳、他人的意見及其他外在因素等，讓一般大眾像棋盤上的棋子般受外力操控，但大師已將自己的境界昇華到這個層級之上，能夠支配自己的情緒、個性、品格、力量，以及他們周遭的環境——他們是下棋者，而不是受到操控的棋子；他們主動參與生活的賽局，而不是受到他人意志和環境的操控而行動；他們能夠運用這個法則，而不是成為這個法則的工具。

雖然大師也遵從更高層級的因果定律，但是他們能主導支配自己層級上的因果。這一項主張中包含了豐富的赫米斯智慧的濃縮精華——就讓懂的人自己去讀。

陰陽法則

「陰陽存在於萬物之中，凡事都有其陰陽法則，陰陽法則表現於所有層級。」

——《卡巴萊恩》

這個法則所揭示的真理是，陰陽展現於萬物之中——陰陽法則一直在發生作用。這個道理不僅存在於生理層級，同時也存在於心理、甚至精神層級。它在生理層級上所展現的形式是性別，在更高的層級上有更高級的形式，但法則一直都是一樣的。世間萬物，無論是物質的、心理的或精神的，沒有一種能夠缺乏這個法則而存在。

了解陰陽的定律，就能體悟原本困惑人類心智的許多議題。陰陽法則一直都在生產、革新與創新方面發揮作用，每件事和每個人都具有這兩種元素或法則，**每一個陽性都具有陰性的元素，而每一個陰性，也會具有陽性的法則**。如果你想明白心理與精神的創新、生產與革新哲學，就必須了解並研究這項赫米斯法則，它擁有許多生命之謎的解答。

我們要提醒你，這個法則無關於頂著花俏名義而傳布的許多卑劣、鄙陋、淫穢的理論、學說與習俗，它們都濫用了自然中的偉大陰陽法則。那種古老且惡名昭彰又卑劣的陽物崇拜主義，會摧毀一個人的心智、身體與靈魂。赫米斯哲學一直在發出警告，反對這些趨向於淫欲、放蕩及曲解大自然法則的鄙陋學說。如果你在尋找這樣的學說，那請另求高明——赫米斯學說並不具有你感興趣的那些東西。擁有純潔的心智，才能夠看到一切事物純潔的那一面；擁有卑劣的心智，只能看到一切事物卑劣的那一面。

3

心智轉化

「心智（以及金屬和元素）在狀態、程度、情況、極點和振動能量上，是可以相互轉變的。真正的赫米斯轉化法，是一門心智上的藝術。」

——《卡巴萊恩》

誠如我們之前說過的，赫米斯學者是最原始的煉金術士、占星家和心理家，赫米斯學者是這些思想學派的創立者。從古至今，占星術已發展成天文學、煉金術發展成化學、神祕的心理學發展成許多心理學派，但切莫以為古人對現代學派所主張的專有獨特智慧資產很無知。從古埃及的石刻畫可明確看出，古人對天文學的知識有貫徹的了解，金字塔的建造顯示出他們通曉天文科學的設計與研究。古人對化學也不是一無所知，從古代記載的斷簡殘編中可窺知，他們很熟悉物質的化學特性。事實上，物理學的古代理論已在現代科學的最新發現下逐漸獲得驗證，尤其是關於物質構成方面的問題。此外，也切莫以為古人對心理學的現代發現一無所知，相反的，埃及人特別擅長心理學，尤其是現代學派所忽視的分支領域，只不過，這些小領域現今被歸類在「心靈科學」，而且一直困擾著心理學家，才讓他們不情願地承認：「也許這些學說真的還有需要深究的地方。」

事實上，除了物質性的化學、天文學和心理學（指心理學上的「大腦活動」），古人也具有先驗天文學的知識，即占星學，以及稱為煉金術的先驗化學知識，和稱做神祕心理學的先驗心理學知識——他們同時擁有內在和外在知識，而現代科學家只擁有外在知識。心智轉化是赫米斯學者所具備且為人所知的諸多神祕知識之一，也就是本章的主題。

「轉化」一詞，一般是用來表示轉化金屬性質的古代技術——尤其是將次級金屬轉化成黃金。「轉化」一詞的意思是：「把一種天然的形式或物質，改變或轉變成另一種形式或另一種物質。」（韋氏字典）那麼相應的，「心智轉化」就是指將心理狀況、狀態和環境改變或轉變成另一種狀況、狀態和環境的技術。所以，假如你喜歡這個詞的話，也許會了解，心智轉化就是「心智化學的藝術」——神祕心理學的一種實踐形式。

然而，它的實質意涵遠超乎其表相。轉化、煉金術或化學，在心理層級的影響力非常重要，可以肯定的是，這種技術即使失傳了，它仍然是人類已知的各類知識研究裡最重要的一種。但是，這只是一個開端，讓我們看看為什麼！

赫米斯七大宇宙法則第一項是唯心法則，定律是「萬物皆心造，宇宙即心像」：宇宙的實質基礎是心智，宇宙本身就是心靈的展現，意即「存在於造物者的心智中」。我們後續會探索這個法則，但若這個法則被假定為真，就先來看看它的效應吧！

如果宇宙的本質是心智，那麼心智轉化就必定是宇宙環境改變的藝術，包括物質、力

量和心智。所以你會明白，心智轉化是古代學者所能在其充滿神祕主義色彩的作品中暢所欲言的「神奇」論題，但他們所提供的實踐指引卻又是那麼的少。

假如萬物都是心智的產物，那麼使人能夠轉化心智環境的技術，也必定給予了大師們控制物質環境以及一般被稱為「心智」的能力。

事實上，除了修為高深的心智煉金術士之外，還沒有人獲得過控制一般自然條件所需的能力，例如對大自然元素的控制、製造或阻止暴風雨、製造或阻止地震，以及其他的重大自然現象。這種人的存在——今日也依然存在，是所有學派的高深奧義學者堅信不移的事情。最優秀的導師向學習者擔保，擁有這些力量的大師確實存在，因為已有經驗事實證明這樣的信念和主張是有根據的。只是，這些大師不會公然展現自己的力量，他們為了在學識成就之路上有更好的修為，而在群眾之外尋求寧靜的生活。

我們在此提到他們的存在，只是為了讓你注意一個事實——他們的力量完全來自於心智，並且在赫米斯唯心論的法則下依著較高層級的心智轉化法而運作。

「宇宙即心像。」

——《卡巴萊恩》

不過，學習者和程度略遜於大師的赫米斯學者（啟蒙者和導師），都能在心智層級的心智轉化法中無拘無礙地研究與修行。事實上，所有我們所說的「心靈現象」、「心智影響」、「心智科學」、「新思維（new-thought）現象」等等，都是依照同樣的一般路線進行，因為不管那些現象的名稱為何，都只涉及一個法則。

研究心智轉化的學習者和從業者在心理層級修行，依據各學派的不同方法將心智環境或狀態等，轉化成另一種環境或狀態，結果多少是有效的。心智科學各個學派的各種「療法」、「斷言」、「異議」等等，只不過是各自從赫米斯藝術中衍生而出的俗套或常規，往往是有瑕疵且不科學的——與古代的大師相比，大部分的現代從業者顯得不學無術，因為他們缺乏這項研究所依據的基礎知識。

透過赫米斯修練法，不僅可以改變或轉化一個人的心智狀態，也可以用同樣的方法改變或轉化他人的心智狀態——只要受到改變的人沒有充滿自我防衛意識；這些轉變通常是不知不覺的，但有些了解這個定律和法則的人卻往往能夠意識到。不僅如此，誠如許多學習者和現在心智科學的從業者所知，每一個取決於他人心智的物質條件，都可以依照渴望改變生活條件的人最真摯的期盼、意志和「需求」而轉化。目前一般大眾已普遍知曉這些事情，因此無需在此贅述，眼下我們的目的只是要呈現構成各種實踐形式基礎的赫米斯法則和藝術，無論好壞善惡，因為根據赫米斯學說的兩極法則，這種力量也可以運用在相反的方向上。

在這本小品中，我們將敘述心智轉化的基本法則，使每位讀者都能領略這些基礎法則，進而擁有開啟兩極法則許多扇門的智慧之鑰。

現在我們要進行到下一階段，思考七大赫米斯宇宙法則的第一項法則——唯心法則，它解釋了《卡巴萊恩》奧義書所言「萬物唯心造，宇宙即心像」這句話的真理。我們要求學習者們密切注意並仔細研究這個偉大的法則，因為它確實是整個赫米斯哲學、也是赫米斯心智轉化藝術中的最基本法則。

4

造物者

「隱晦在宇宙的時間、空間和變化下那個恆久不變的實質現實就是——根本的真理。」

——《卡巴萊恩》

所謂的「本質」，意思是指「潛藏於所有表象之下的、本性、內在現實、固有的」等等；「實質」的意思，則指「確實存在的、不可或缺的元素、真實的」等等；至於「現實」的意思，則是「真實的狀態、真理、持久的、有根據的、固定不變的、永久的、實際的」等等。

在所有的外觀或表象之下和背後，一定有一個實質現實，那就是定律。人類在宇宙間只是個微渺的單位，他細觀宇宙，看到其中充滿了物質、力量和心理狀態的變化；他了解**沒有事物真的是什麼，而是一直在轉化、在改變。**

沒有任何事物是靜止不動的——一切都在歷經出生、成長、凋零的過程；當一件事情達到它的巔峰的那一刻，也是它開始走下坡的時候；律動循環定律一直在運作中，沒有任何現實、永久不變的品質、固定性或實質性存在於任何事物中——除了變化，沒有什麼是永恆的。人類看著一切事物從其他事物演進而來，然後再演變化成另一種事物：持續的作用與反作用、流入與湧出、建造與拆毀、創造與毀滅；出生、成長和死亡。除了變化，沒有什麼是持久的。

假如一個人是思維者，他會領悟到，所有的這些改變，必定是某種潛在力量——也就是某種實質現實——的外觀或表象。

每個時代的每個地方，所有的思想家都肯定了這個實質現實存在的必要性。各個著名的哲學學派的基礎都建立在這個思想之上，人們賦予這個實質現實各種各樣的名字，有人用神的名字稱呼它（有各種頭銜），有人叫它「無限與永恆的能量」，有人則試著叫它「物質」——然而，無論它叫做什麼，大家都認同它的存在，它是不證自明的——這點無庸爭辯。

在這些訓示裡，我們追隨世界上某些最偉大的思想家，既有古代、也有現代的赫米斯哲學大師，以赫米斯學說之名把這個潛在的力量（這個實質現實）稱為「造物者」。這是我們認為在人類所使用的許多詞彙中最全面也最容易令人了解的，雖然實際上它的地位已然超越了所有的名字和用語。

我們接納並傳授所有時代的赫米斯思想家，以及那些已臻至更高境界、成就斐然的思想家的觀念，他們都主張**造物者的內在本質是不可知的**。這是必然的，因為只有造物者本身才能理解他自己的本質與存在。

赫米斯學者相信，造物者「就其自身而言」（也就是「本質」）永遠是不可知的，他們也這樣教導學習者。他們認為神學家和玄學家對造物者內在本質的所有理論、猜測和沉思推論，不過是凡夫俗子欲領悟「無限」的神祕的不自量力之行為。結果是一再的失敗，而且從這項任務的性質看來，永遠也不會有成功的時候。有人為了追尋問題的答案，而在思想的迷宮裡不斷流連盤桓，直到喪失所有健全的理智、行動或作為，然後對生活中的一切變得格格不入。這種人就像在籠子裡的轉輪上一直瘋狂快跑的松鼠，雖然不停前進，但哪兒也去不了——最後仍然待在籠牢裡，並且就停在他一開始的出發點。

還有人更狂妄的，企圖把他們自己的個性、地位、性質、特徵和特質加諸於造物者身上，還有凡人的情緒和感覺，甚至人類卑劣的品行，如嫉妒、喜歡受到奉承和讚美、渴望得到供奉和膜拜，以及其他所有自人類孩提時期遺留下來的劣習。成熟的男女並不應該有這樣的想法，應盡快摒棄。

解說到這個階段，現在的時機也許適合在宗教和神學間做個區別——哲學與玄學的區別。

對我們而言，宗教代表對造物者的存在、和一個人與造物者關係的直覺認知；而神學代表的是，人類企圖賦予造物者個性、地位和特徵，以及關於他的事務、意志、欲望、層級和構思的理論，還有他們妄自推斷居於造物者與人類之間的「中間人」辦事處。

對我們來說，哲學的意義是：獲得可知與可思考的事物的知識之後所產生的探討；而玄學的意義是：企圖超越藩籬，直接進入不可知與不可思考的區域去探討問題——神學也是如此。因此，宗教與哲學對我們而言是在現實中扎根的事物，而神學與玄學就像折斷的蘆葦，扎根於無知的危險流沙中，岌岌可危地支撐著人的心智或靈魂。

然而，我們並不堅持學習者一定要接受這些定義——之所以在這裡提到，只是為了突顯我們的立場。

不管怎樣，在我們這本書的講授當中，你應該不太會聽到關於神學以及玄學的事情。

「身為根本真理的實質現實，其境界已超越其名，智者稱它為造物者。」

——《卡巴萊恩》

「就其本質而言，造物者是不可知的。」

——《卡巴萊恩》

「對於理性的論述，必須熱忱相迎，並且禮敬待之。」

——《卡巴萊恩》

只要我們還會思考，就必須接受人類的理性，它讓我們知曉造物者下列的旨意，但並未企圖揭露不可知的事物：

(1) **造物者必定是真實的存在。**不可能有任何事物存在於造物者之外，否則造物者就不是造物者。

(2) **造物者必定是無極限的，因為沒有什麼能限定、限制、束縛、局限或約束造物者。**他在時間上必定是無窮的，或者可以說是永恆的——他必定一開始就一直存在，因為沒有什麼能夠創造他，而且從來沒有任何事物能從「無」演化而來，假如他曾經「不存在過」，即使只是短暫的片刻，那他現在就不可能「存在」——他必定會永遠地持續存在下去，因為沒有什麼能夠摧毀他，而且他絕不可能「不存在」，即便只是片刻的時間，因為沒有什麼能憑空消失。他在空間上必定是無窮大的——他必定無所不在，因為不可能有任何事物存在於造物者之外，造物者之外就是虛無；他在空間上也一定是連續的，因為沒有什麼能夠中斷、停止、分割或阻礙其連續性，而且根本不需要任何東西來「填滿縫隙」。他的力量必定是無限的，或者可以說是絕對的，因為沒有什麼能夠局限、約束、扼阻、限制、干擾或約制他——他不臣服於任何其他力量，因為根本沒有其他力量的存在。

(3) **造物者必定是永恆不變的**。也就是說，其真實本質是不屈從於任何改變的，因為沒有什麼會有能力去改變他，他不會變成任何事物，他也不從任何事物改變而來。他不能增加、也不能減少；他不能增強，也不能削弱；他也不能透過任何方式變得更大或更少。他一直以來都是、也必定一直是維持不變的，他就是他現在的樣子——造物者——不管是過去、現在或未來，他都不曾、也不會變成其他事物。

既然造物者是無限、絕對、永恆且不可改變的，那麼任何有限、可改變、短暫且受約制的事物，就不會是造物者。既然在現實中不可能有任何事物存在於造物者之外，那麼任何有限的事物在現實中必定是虛無、不存在的。現在，先別感到疑惑或害怕——我們並不是要利用赫米斯哲學做為掩護而引領你進入基督科學的領域。這些看似矛盾的道理，我們會在適當的時機提供合理的解釋，請耐心等候。

在我們周遭所見、被稱為「物質」的東西，構成各種事物的基礎，但造物者僅僅是物質而已嗎？並不是這樣！物質無法彰顯出生命或心智在宇宙間的表現，造物者不可能是物質，因為沒有什麼能夠凌駕在其根源之上——從來沒有任何事物會顯現於非其原因所造成的結果之中——沒有任何事物會演變成與其前情無關的結果。

現代科學告訴我們沒有物質這種東西，我們所謂的物質，只不過是「受到干擾的能量或力量」，也就是「低振動頻率的能量或力量」。一如近代一位學者所說：「物質**已**然融化成謎。」即使是材料科學，也已拋棄物質理論，現在所依據的基礎是「能量」。

那麼，造物者只是能量或力量嗎？在唯物主義論者定義中的「能量」和「力量」就不是，因為他們所謂的能量和力量是難以察覺到的、機械性的東西，沒有生命或心智。但是，生命與心智永遠不可能從難以察覺到的能量或力量演變而來，理由是剛剛才提過的：「沒有什麼能夠凌駕在其根源之上——除非有關聯，否則一件事物不會由此演變而來——除非牽涉於原因之中，否則一件事不會出現在該結果裡。」

因此，造物者不會只是能量或力量，假若他是，那麼就不會有生命與心智的存在，這點我們再清楚不過了，因為我們都是活生生的人，並且運用心智來思考這個問題，那些主張能量或力量就是一切的人也是這樣的。

那麼就我們所知，在宇宙裡有什麼比物質或能量的層次更高呢？答案是生命和心智！生命和心智有各種不同程度的展現！

你會問：「你們是想告訴我，造物者就是生命和心智嗎？」我們的答案是「是」，也是「不是」；如果你指的是卑微的凡人所知道的生命和心智，我們會說：「不！那不是造物者！」你或許還會問：「那你們指的是什麼樣的生命和心智呢？」答案是：「活躍的心智，他的境界遠超乎凡人對這個詞彙的理解，就像生命和心智的層次高於機械性的力量或物質一樣，無限活躍的心智也高於有限的生命和心智。」我們指的是連賢哲提到時也必虔敬以對的「心靈」！

「造物者」是無限活躍的心智——賢哲稱之為「心靈」！

5

心靈宇宙

「宇宙是心靈性的——全掌握在造物者的心智裡。」

——《卡巴萊恩》

造物者就是心靈！但什麼是心靈？這是一個無法回答的問題，因為他的意義實際上就跟造物者一樣，是無法解釋或定義的。

心靈只是人類給最高概念的無限活躍的心智的一個名字，他的意思是「真實的本質」，他指的是活躍的心智，超越了我們所了解的生命與心智，而心智又超越了機械性的能量與物質。

這裡所指的心靈已超出我們的理解，我們使用這個詞只是為了便於思考或討論造物者。為了便於思考與了解，我們姑且把心靈想成**無限活躍的心智**，但同時需知道，我們並無法充分理解他。我們必須這麼做，不然就一點兒也不要思考這個問題。

現在讓我們從整體與部分兩方面來思考宇宙的本質。什麼是宇宙？我們已經知道造物者之外是虛無的，那麼宇宙就是造物者嗎？不，這是不可能的，因為宇宙是由許多成分構成的、一直在變化當中，而且從許多方面來看並不符合我們不得不接受的那個概念——我們在上一章已經解釋過的「造物者」。假如宇宙不是造物者，那麼他就是我們腦海裡難免會產生的第一個想法——虛無。然而，我們並沒有辦法只滿足於這個答案，因為我們察覺到了宇宙的存在。假如宇宙既不是造物者，也不是虛無，那它會是什麼？讓我們來解釋這個問題。

假如宇宙是存在的，或者看似存在，那麼它必定是以某種方法從造物者發展而來——它必定是造物者的創造物。但既然絕對不可能有東西從虛無發展而來，造物者又怎能創造它呢？有些哲學家的答案是：造物者從自身創造了宇宙——也就是說，宇宙是從造物者的存在與本質中發展而來的。然而事情並非如此，因為就如同我們之前提過的，造物者不可能被滅掉或分割；就算會好了，也不可能宇宙間的每一個粒子都察覺到它自己就是造物者的一部分——造物者不會喪失對自己的認知，也不會變成原子、難以察覺到的力量或是低等生物。的確，有些人領悟到造物者的確就是造物者，也意識到人類與造物者同時存在，於是斷然宣稱他們等於造物者，向世人高喊「我是神」，此舉使眾人喜而賢者悲。相較之下，一顆宣稱「我是人」的微粒還顯得謙遜多了。

但是，假如宇宙不是造物者，也不是造物者分割自己而創造出來的，那麼，它到底是什麼——又或者說，它是由什麼所構成的呢？這真是一個很好的問題，讓我們仔細來審視一下吧！

我們發現，「一致法則」正好對我們有所幫助，赫米斯古諺——「其下如其上」，便可用來解釋這一點。現在，我們要靠自己的力量小心檢視，力圖在更高層次的研究中取得一絲理解。這裡所必須援引的一致法則，也能為我們解答其他問題。

讓我們看看，人類是怎麼被創造出來而成為人的呢？唔，首先，人有可能是用某些外在物質構成的，但這行不通，因為在造物者之外沒有任何物質可以用來創造人。那麼，其次，人類是透過創造下一代的作用而產生或繁衍出來的，也就是繁殖，並且將自己一部分的本質轉移給下一代，但這也不對，因為造物者不會將自己的一部分轉移或減去，也不會繁殖或自我增殖。在第一個例子裡，得要取走某部分才能創造人，第二個例子則是造物者以增殖或增加的方式創造人，兩種想法都很荒謬，難道沒有第三種創造人的方式嗎？當然有，那就是——用心智來創造！如此，造物者不使用外在物質，也不從自己繁殖而來，而是以他的精神滲透在其心智的創造物上。

我們遵循一致法則而論證出造物者以心智創造了宇宙，方法很類似人類創造心智影像的過程。這個論述與古賢之學說與作品中的論述完全吻合，一如智者的學說，也如赫米斯之學說。

除了心智，造物者不會以其他方法創造，他不使用物質（而且也沒有東西可用），也不從自身繁殖（這也是不可能的）。這個理性的結論無懈可擊，如同我們說過的，他與先賢最高境界的學說一致。即使身為學習者的你，也能在自己的心智中創造一個宇宙，而造物者也是這樣在其心智中創造宇宙的，不過，你的宇宙是有限心智的創造物，而造物者的宇宙是無限心智的創造物，兩者縱然相似，但有限與無限的程度卻大相逕庭。之後我們會更仔細審視創造的過程與其論證，但現在是你該好好整理一下所學的時候：宇宙及其所包含的一切，都是造物者的心智創造。的確，造物者就是心智！

「造物者在其無限的心智中創造了無數個宇宙，萬世長存。但對造物者來說，即使是百萬個宇宙的創造、發展、衰退與死亡，也只發生在眨眼的瞬間而已。」

——《卡巴萊恩》

「造物者的無限心智，就是孕育宇宙的搖籃。」

——《卡巴萊恩》

陰陽法則展現在生命、物質、心智和精神的所有層級，但一如我們說過的，陰陽不代表性別——性別只是陰陽的物質展現。陰陽所代表的是與產生或創造有關的事物；在任何層級上，無論什麼事物產生或被創造了，就必定有陰陽法則的展現，即使宇宙的創造也是如此。

別妄下結論說我們在傳授男神、女神或造物者的學說，這種想法只是扭曲了在這個主題上的古學說。這個學說真正的要旨是，造物者是超越於陰陽定律之上的，一如他超越在每個其他定律之上，包括時間與空間的定律。造物者就是宇宙大定律，所有定律皆由他發展而來，他也不臣服於那些定律，但當造物者展現在生產或創造層級時，他就依循定律與法則而作為，因為他處在存在的低階層級上運行。然後他將陰陽法則展現在陽性與陰性的層面，當然，是在心智的層級上。

第一次聽到這個概念的人也許很驚訝，但其實你早已在日常觀念中不知不覺的接受了。你會說到神的父性與大自然的母性——神是天父，大自然是宇宙之母——也就是本能地承認了宇宙的陰陽法則。難道不是嗎？

但是，赫米斯學說並非在暗示有雙重性的存在，**造物者是唯一的——所謂的兩個層面只是層面的一種展現方式**。它的意思其實是，暫且撇開宇宙實際上的心智創造論，而從造物者的角度來顯現出陽性法則。造物者把自己的意志投射到陰性法則上（可稱之為「大自然」），於是陰性法則就開始在宇宙的演進上運行，從簡單的「中心活動」到人類，然後一路繼續往上發展，一切都依據堅定不可動搖的大自然定律。

如果你偏好古老的思想方式，你可以把陽性法則想成神，也就是天父，把陰性法則想成大自然，也就是宇宙之母，所有事物都從她的子宮孕育而來。這只是一種較具詩意的說法——創造宇宙真實過程的一種概念，請記住，造物者是唯一的，宇宙在他無限的心智中產生、創造和存在。

如果你要將一致法則應用在你和你的心智上，這也許能幫助你得到適當的概念。你知道你所稱的「我」，在某種意義上是脫離出來的，並見證了在你自己心智中所創造的心智想像。在你心智所產生的地方可以被稱做「我」（主觀我），這個「主觀我」的思想、觀念與想像，受到另一個「客觀我」的見證與檢視。「其下如其上」，記住，在一個層級上所發生的現象，可以引用來解決其他更高或更低層級中的疑難。

你可曾想過，為什麼做為孩子的你會對我們稱做「宗教」——那個尊崇、敬畏天父心意的宗教——的造物者本能地產生敬畏之心？為什麼當你想到大自然的運作和奇妙時，會從內心深處襲來一股被偉大力量征服的感覺？

這其實都沒有什麼好奇怪的，因為有母性的意念將你推了過去，就像嬰兒靠近母親的乳房一般。

別誤以為你所看到在你周遭的這個小世界——只是宇宙中一粒塵埃的地球——就是宇宙本身。像這樣的世界有數百萬、數千萬個，而且更大；在造物者無限的心智中，也存在數百萬、數千萬個像這樣的宇宙。即使在我們小小的太陽系裡，也有其他生命的領域和層級是遠超越於我們的，與之相較，我們就好比棲息在海床上的那種低等生命形式——與人類相較而言。曾有力量與貢獻高於人類的生靈，夢想要神的權利。這些生靈曾像你一樣低等，但總有一天，你將會變得跟他們一樣高等，這就是先賢對人類命運的啟示。

死亡並不真正存在，即使從相對的角度來看也一樣——它是在走向一個新的生命——你要不斷前進、再不斷前進，等到達了生命的更高層次之後，仍然要更上一層樓，直到永遠。宇宙就是你的家，在時間用盡之前，你要向它最幽深之處一直探尋下去；你居住在造物者的無限心智中，你的機會與可能性，在時間與空間上均是無限的。

在永世大輪迴的終點，造物者會讓所有的創造物回歸到他自身——屆時你會欣然離去，因為到那時你將會知道與造物者合而為一的所有真理，這就是先賢給我們的啟示——他們在這條路上已遠遠超越我們。

到那時，你將安息於平靜祥和之中——你會在父性與母性心智無限力量的保護下，安穩沉睡。

「在父性與母性的心智之中，凡人之子安如歸鄉。」

——《卡巴萊恩》

「世界上不會有人無父，也不會有人無母。」

——《卡巴萊恩》

6

似非而是的宇宙觀——悖論定律

「半智者見識到宇宙的相對虛幻性，妄想自己可以藐視它的定律——那些都是自負狂妄的愚昧之人，他們會因自己的愚昧而受到打擊、被撕扯得粉身碎骨。真正的智者知曉宇宙的本質，利用定律來對抗定律，以高制低，並透過煉金術的轉化技巧，將不良的轉化為有價值的，然後致勝。精通真理之術不存在於不切實際的夢想、願景、幻想或是生活中，而在於利用較高層級的力量來對抗較低層級的力量——利用較高層級的振動能量來逃脫較低層級上的痛苦。轉化法並不是狂妄的否定，而是達成精通真理之術的武器。」

——《卡巴萊恩》

這就是似非而是的宇宙觀，源自於造物者在創造之初所展現的兩極法則——你要仔細聽，因為它指出了半智者與全智者之間的差異。

雖然對於無限的造物者而言，宇宙、他的定律、他的力量、他的生命、他的萬象，就如同呈現在冥想與夢中的事物一樣；但對於所有有限的生靈而言，必須把宇宙視為真實的存在，而他們對於生命、行為、思想的看法，也應依據同樣的基礎，儘管他們對於更高深的真理已有較深入的領悟——每一件事物都依據其層級上的定律而運行。

假如造物者所想像出來的宇宙的確是現實，那這將是宇宙之悲，因為低階者無法向上達到更高境界——那麼宇宙就會一成不變，就不可能有任何進步；而假如人（由於是半智者）認為自己生活在一個只是如同一場夢境的宇宙當中（類似他自己的有限夢境），那麼宇宙對他來說就會是如此，然後他會像夢遊者一樣一直蹣跚地轉圈圈，無法進步，最後因為跌傷而不得不清醒，傷口的血汩汩流到他所漠視的大自然定律上。

要把眼光放在遙遠的星辰，但留意你的腳步，別讓自己因為仰望天空而跌入泥沼。記

住這個似非而是的宇宙觀，雖然宇宙在造物者眼裡是虛幻的，但它對萬物而言卻是真實的。牢記真理的兩極性——絕對與相對；要提防半真理。

對於赫米斯學者來說，似非而是的「悖論定律」是兩極法則當中的一個觀點，赫米斯學說作品中隨處可見關於思考生命與存在問題之悖論的參考文獻。導師們不斷地警告學習者，要提防遺漏任何問題的「另一面」的錯誤，而他們的警告特別是直接針對「絕對與相對」的問題，因為這個問題一直困擾著研究哲學的學習者，以至於許多人的想法與行為都與一般所知的「常識」產生矛盾。

我們在此告誡所有學習者，要確實領略「絕對與相對」似非而是的宇宙觀，以免這種觀念淪陷在半真理的泥沼中。本章就是在這樣的理念下寫成的，請仔細閱讀！

當一個會思考的人領悟到宇宙是造物者心智的創造物之後，他第一個想到的是，宇宙及其包含的一切只不過是一個錯覺、假象，於是本能地對這個觀念產生反感。然而，就像其他所有偉大的真理一樣，這個真理必須從絕對與相對的兩方面來思考。

從絕對的觀點來看，相較於造物者而言，宇宙在本質上是一個假象、一個夢境、一個幻景，即使是凡人的眼光也可以看出這一點，因為當我們談到這個世界時會說世事轉瞬即逝、生命初生即死——相較於對造物者的觀念，講到被創造出來的宇宙時，必定會想到短暫多變、有限、虛幻等元素，無論我們相信宇宙和造物者的本質是什麼。哲學家、玄學家、科學家和神學家都同意這個看法，而且這個思想可發現於所有形式的哲學思想與宗教觀念中，以及各個玄學與神學學派的理論裡。

赫米斯學說並不是要用任何你再熟悉不過的強烈詞語來傳布宇宙虛幻性的觀點，儘管他們的這個主張是有些令人感到訝異。任何有開始、有結束的事物，就某種意義上而言（從造物者的角度來看），都是不實際與不真實的；在所有學派的思想當中，宇宙就是依據這個規則而產生的——從絕對論的觀點來看，不管我們再怎麼說、再怎麼討論，唯一真實存在的就只有造物者；不管宇宙是不是由物質所構成，也不管宇宙是不是造物者心智的心靈創造物，它是虛幻、不持久、限於時間、空間與變化的一個東西。我們希望你在批評赫米斯學說「宇宙的本質為心靈性的」這個概念之前，能夠先對它有徹底的了解。也請好好思考所有其他的赫米斯概念，看看這個概念對於其他概念而言是不是正確的。

不過，從絕對論的觀點來看，只能顯現出事情的其中一面——另一面是相對的觀點；絕對真理的定義是「神所知之事」，而相對真理是「人所知曉的極限道理」。因此，對於造物者來說，宇宙必定是不真實且虛幻的，只是一個夢境或冥想的結果；然而對於構成宇宙的一部分的有限心智來說，他們透過凡人的感官來看事情，宇宙的確是真實的，而且就是必須這麼思考。在了解絕對論觀點的同時，我們必不能犯下「忽視或否定宇宙呈現於凡人感官前的真相與現象」這個錯誤——記住，**我們不是造物者**。

舉一些大家都熟悉的例子，我們都認同，物質對於我們的感官而言是存在的——假如不是的話，我們應該很難好好過日子。不過，連我們有限的心智都懂得這樣的科學宣言：「從科學的角度來看，物質並不存在。」我們所稱的物質只是一堆原子的聚集體，那些原子本身只是一群力量的結合，那些力量的單位叫做電子或離子，振動並繞著固定的環狀軌道運行。我們在踢石頭的時候會感覺到衝擊力——似乎是真的，儘管我們知道其實只跟前面所說的一樣。但記住，我們透過大腦而感覺到衝擊力的腳同樣也是由電子構成的物質，就連大腦也是一樣。充其量只能說，要不是透過心智的理解，我們對於腳或石頭根本一無所知。

又例如把想法創作在石頭或帆布上的雕刻家或藝術家，那些想法對他們來說似乎非常真實；還有存在於作家或劇作家腦海裡、他們試圖表達出來以獲得他人認同的角色，也是一樣。如果這個道理對我們有限的心智來說是正確的，那麼在無限心智中被創造出來的心智形象，其真實的程度又必定為何？噢，朋友們，對於凡人來說，這個心靈性的宇宙的確非常真實——它就是我們唯一知道的宇宙，我們在這個宇宙中層層往上爬，愈升愈高。

如果說除了實際體會之外還能用什麼方法來了解這個宇宙，就是必須變成造物者本身。的確，我們爬得愈高（愈接近「天父的心智」），有限事物的虛幻本質就愈明顯，直到造物者把我們吸收回去，這個幻象才會真正消失。

我們不需在此詳述幻象的特性，還是來好好認識宇宙的真實本質，試圖了解其心智定律，然後盡量做妥善的運用，以求在我們生命向上發展，以及我們層層進步的過程中發揮最佳效用。由於宇宙心智本質的原故，宇宙定律就是「鐵的定律」，除了造物者以外，所有一切都受到這個定律的約束。存在於造物者無限心智中的一切，其真實性在某種程度上僅次於屬於造物者本質的現實本身。

所以，不要覺得沒安全感或害怕，我們都牢牢地被掌握在造物者的無限心智中，沒有什麼能傷害我們或讓我們懼怕的。在造物者之外不存在任何力量，所以我們不會受到其他力量的影響，因此我們可以安息於平靜祥和之中。一旦你弄明白了，就會知道有一個舒適安全的世界存在，然後能「沉睡於寧靜安詳之中，搖晃在玄妙的搖籃裡」——安全地安息於無限心智（也就是造物者）的遼闊胸襟中。的確，在造物者之中，「我們生活、我們行動，並擁有我們的本質。」

我們生活在物質的層級上，物質對我們來說仍然是物質，雖然我們知道物質只是「電子」或力量粒子的聚集，他們快速振動並以原子的形式繞著彼此旋轉；然後振動旋轉的原子形成分子，分子再形成較大的物質團塊。我們繼續探究下去，於是從赫米斯學說中學到，物質不會變成更小的物質，電子所形成的「力量」只是造物者心智的展現，就像宇宙裡的所有其他事物一樣，在其本質上都是純粹的心智表現。

我們活在物質的層級上，必須認清它的各種現象——我們可以控制物質（就像所有高級的或次級的大師一樣），但我們是運用了更高層次的力量才做得到。若我們企圖從相對的觀點來否定物質的存在，就是犯了愚蠢的錯誤。我們也許可以否認它對我們的掌握（而且確實如此），但是我們不應企圖在其相對的方面忽略它，至少只要我們還停留在物質層級上就應如此。

大自然的定律在持續性和有效性上也不會變得較差，因為同樣地，我們知道那些定律是心智的創造物，他們在各種層級上都是有效的。我們利用高階定律來克服低階定律，而且這是唯一的方法，但我們無法完全逃脫出定律的掌握或超越它。只有造物者才能從定律中脫離出來，因為造物者本身本來就是所有定律的起源。

學問最高深的大師可以獲得通常屬於人之神明才擁有的力量；然而在生命的浩大階級制度中，存在有無數種位階，其存在與力量超越了最高級的大師，超乎凡人所能想像；可是即使是最高級的大師和最高等的生靈，也要臣服於定律，他們在造物者眼裡都不算什麼。所以，假如這些最高等生靈的力量甚至超越了人之神明的力量，假如連這些最高等的生靈都要受到定律的約束並臣服於它，那麼如同我們這種等級的凡人的傲慢放肆是可想而知的——有人竟敢認為大自然的定律是「不真實」的虛幻與錯覺，只因他正好領略到一個真理：定律在本質上是心靈性的，只是造物者的心智創造物。事實上，造物者所要掌握的定律是不容蔑視、抵制和辯駁的，只要宇宙仍在，定律就存在；這些定律形成宇宙的架構，將之組織起來，因此宇宙憑著這些定律而存在。

雖然以「一切都是心靈性的」這個法則解釋過時間宇宙的真實本質，但赫米斯學說的唯心法則不會改變宇宙、生命或演化的時間科學概念。事實上，科學只是更鞏固了赫米斯學說的立場。赫米斯學說只是在教導「宇宙的本質是心靈性的」，而現代科學教導的是，宇宙是「物質性的」，或者根據最近（更現代）的分析結果，宇宙是「能量」。透過赫伯特・史班瑟（Herbert Spencer）的基本法則來看，赫米斯學說是毫無瑕疵的——基本法則假定有一種「所有事物都會發出的無限性和外在能量」的存在。

事實上，赫米斯學者將史班瑟哲學視為發表過的自然定律作品中最崇高的外來論述，而且他們相信史班瑟是一位數千年前的古埃及哲學家轉世，之後又轉世為西元前五百年的希臘哲學家希拉克利特（Heraclitus）。他們認為史班瑟「無限性與外在能量」的論述，正好與赫米斯學說不偏不倚的接軌，其主張「能量」是造物者心智能量的論點，剛好輔成他們的學說。擁有赫米斯哲學的智慧之鑰，研究史班瑟哲學的學習者就能開啟那位偉大英國哲學家核心哲學概念的許多扇門，從他的作品中可看出其前世思想的延續——他的著作《進化與律動》，幾乎與赫米斯學說的循環律動法則吻合得天衣無縫。

因此，這位赫米斯學習者無需拋開他關於宇宙的任何珍貴科學觀點，他所要做的就是領悟「造物者即心智，宇宙受造物者心智掌控」的基本法則。他會發現，其他六大法則也會「吻合」他的科學知識，並且將有助於挑出模糊曖昧之處、闡明晦暗艱澀的觀念。當我們了解赫米斯思想對希臘早期哲學家的影響時（他們的思想基礎是現代科學大多仰賴的理論），就會曉得這沒什麼好驚訝的。**現代科學與赫米斯學說學習者之間唯一最大的差異，在於有否接受第一項赫米斯法則（唯心法則）；**科學為了追尋事實而在迂迴曲折的黑暗道路中摸索，逐步朝著赫米斯學說的方向前進。

本章的目的是要學習者牢記，對於人類而言（在唯物論和精進主義的假設之下），**宇宙及其定律和各種現象，無論其意圖和目的為何，就是真實的；無論在任何假設之下，對於造物者而言，宇宙都是變化多端和短暫無常的——因此缺乏實質性和真實性。**然而（注意真理兩極性中的另一面），在任何同樣的假設之下，我們的行為和生存又都不得不表現得好像那些短暫的事物都是真切實際的一樣。各種假定之間總是存在這樣的差異——在舊式的觀念裡，心靈力量被忽略成一種自然力量，但在唯心論中，它卻成為最偉大的自然力量。對於那些了解唯心法則及其所導出的定律及作用的人來說，光是這一種差異，就徹底改變了他們的人生。

如此一來，所有學習者終於得以領悟唯心論的優點，並且知曉、使用、應用從它所導出的定律。但如同《卡巴萊恩》主張的，別屈服於誘惑，誘惑會征服半智者，使他們受到事物虛幻表相的催眠，像活在夢境裡面的夢遊者般迷失游蕩，忽略了實際的工作和人生，最後「他們因自己的愚昧而受到打擊、被各種要素撕扯得粉身碎骨」。我們應該以全智的聖賢為榜樣，如同《卡巴萊恩》所主張：「利用定律來對抗定律，以高制低，並透過煉金術的轉化技巧，將不良的轉化為有價值的，然後致勝。」遵循《卡巴萊恩》的指示，避免半智者的愚昧，他們往往忽略：「精通真理之術不存在於不切實際的夢想、願景、幻想或生活中，而在於利用較高層次的力量來對抗較低層次的力量——利用較高層級的振動能量來逃脫較低層級上的痛苦。」

學習者們，要謹記以下的引言，它非常值得學習者們銘記於心。

「轉化法並非狂妄的否定，而是達成精通真理之術的武器。」——《卡巴萊恩》

我們並不活在夢境之中，而是活在就我們的生命和行為而言的真實宇宙裡；我們在宇宙中的任務並非否定宇宙的存在，而是活著，利用定律從較低層級提升到較高層級——不斷這樣的活著，每天在不同的情況下盡力做到最好，盡可能朝著最高目標前進並達成理想。在目前的物質層級上的人們尚無法了解生命的真諦，確實如此，但古聖先賢和直覺告訴我們，盡力朝著我們本質中最高的層級發展，同時領悟宇宙也在往最高層級發展——儘管表面證據似乎是相反的——我們對生命的意義就不會有所誤解。我們都在通往精通真理的道路上——這條道路一直向上延伸，一路上有許多休息處。

領略《卡巴萊恩》的旨意，並以智者為榜樣，避免半智者所犯的錯誤，他們因自己的愚昧而腐朽。

7

一切之中的「造物者」

「一切都存在於造物者之中，而造物者也存在於一切之中。能夠實際領悟這個真理的人，就已獲得大智。」

——《卡巴萊恩》

大部分人有多常聽過他們的神（根據不同宗教而有不同稱呼）是「一切中的一切」這樣的主張，但卻鮮少懷疑這些未經慎思的言語之後隱藏的內在奧義？這個被普遍使用的表達詞彙，其實來自上述援引的古赫米斯箴言的不完整片段。《卡巴萊恩》指出：「一切都存在於造物者之中，而造物者也存在於一切之中。能夠實際領悟這個真理的人，就已獲得大智。」那麼，就讓我們來好好探究這個真理，透徹了解其意非常重要，在這則赫米斯箴言對真理的主張中，隱藏了最偉大的哲學、科學和宗教真理之一。

我們已經告訴過你關於宇宙精神本質的赫米斯學說真理，也就是──「宇宙是心靈性的──全掌握在造物者的心智裡。」如同《卡巴萊恩》所言：「一切都存在於造物者之中。」但是，也請注意這個有相互關聯的主張，「造物者也存在於一切之中。」這個看似矛盾的主張，在悖論定律下是可以取得一個合理的解釋的，況且，它是赫米斯學說對於存在於造物者及其心靈宇宙之間的關係的嚴謹主張。我們已經看過「一切如何存在於造物者之中」，現在，我們要來檢視這個主題的另一面。

赫米斯學說指出，造物者內含於其所創造的宇宙之中，並且存在於宇宙中的每一個部

分、粒子、單元或結合體裡。導師常用一致法則來闡明這個主張，導師會引導學習者組織出某物或某人的心智想像、或一個想法等具備心智形式的東西；最容易理解的例子是作家或劇作家要構思出他的人物，或者畫家或雕刻家要構思出一個他希望能夠藉由自己的藝術表達出來的理想形象。在各個情況下學習者都會發現，構思出來的形象有其存在，而且只存在於想像者——學習者、作家、劇作家、畫家或雕刻家等——的心智裡，而想像者就某方面而言，也存在於其心智的想像中。換句話說，**存在於心智想像的現實中的全部品格、生命、精神，是源自於想像者的「內在心智」**。好好思考一下，直到有所領悟為止。

舉一個現代的例子，就拿奧賽羅、伊亞哥、哈姆雷特、李爾王、理察三世來說，這幾個角色在被創造出來時只存在於莎士比亞的心智裡；不過，莎士比亞也存在於這每一個角色裡，賦予他們活力、心靈和行為。那我們所知道的角色如米考伯、奧立佛·崔斯特、尤利亞·希普等，他們的人格裡存在的又是誰的心靈？是狄更斯，還是這些角色中的每一個，都各自擁有獨立於其創造者之外的心靈？梅地奇的維納斯神像、希斯汀聖母畫、貝爾維爾德的阿波羅雕像，都有自己的心靈與現實，又或者他們只是反映了創造者的心靈和心智力量？

悖論定律解釋說，只要從適當的角度出發，兩種論點都沒錯。米考伯既是米考伯，也是狄更斯。

不過，雖然我們可以說米考伯是狄更斯，但狄更斯並不等於米考伯。像米考伯這樣的角色也許會宣稱：「雖然我的創造者的心靈存在於我內心，但我仍然不是他！」這截然不同於奮力吶喊、狂吼宣稱「我是神」的某些半智者所造成的駭人聽聞的半真理。想像一下，不幸的米考伯或狡猾的尤利亞·希普大喊：「我是狄更斯。」或莎士比亞某劇中的卑微角色大言不慚地宣稱：「我是莎士比亞！」造物者存在於蚯蚓之中，但蚯蚓卻遠不能與造物者相比。疑難處仍在於，雖然蚯蚓只是以一種卑微生物的形式存在，由造物者創造，並且只存在於造物者的心智之中——但是造物者也存在於蚯蚓之中，存在於構成蚯蚓的每個粒子之中。「一切都存在於造物者之中，而造物者也存在於一切之中。」還有什麼比這個真理更深奧呢？

當然，學習者會了解上述的例子必定不夠完美也不夠充分，因為那些角色代表的是由有限的心智所創造的心智想像，而宇宙是無限心智的創造物——兩個極端之間的差異使他們大相逕庭。僅管只是程度上的不同，但卻是在同一個法則（一致法則）下運作——

「其下如其上，其上如其下。」

一個人若能領悟到他本質中所存在的固有精神，那麼他生命的精神層次也會有所提升。這就是心靈發展的意義——認知、領悟，以及展現其本質中固有的精神。請記住這最後一項定義，它包含了真正的宗教真理。

宇宙中有各種不同層級的生靈（生命的許多次級層級）與各種不同程度的存在，一切都取決於各種生靈的發展程度，位階中的最低點是最粗鄙的事物，位階中的最高點與造物者僅僅一線之隔，卻是心靈與造物者的差別。**所有事物都在生命的層級中向上、向前移動，一切都在通往精通真理之術的道路上，而路的盡頭就是造物者，整個過程就是在回歸原點。**儘管有著看似矛盾的表相，但一切都在向上和向前移動——這就是先賢要給我們的訊息。

關於宇宙的心智創造過程，赫米斯學說指出，在創造循環的起點，處於「存在」狀態的造物者，將他的意志投射到「形成」的狀態，於是創造的過程就展開了。這個過程包含降低能量振動的頻率，直到達到一個非常低程度的振動能量，此時會出現物質最粗鄙的形式。這個過程稱為「投入階段」，因為造物者在這個階段被「牽涉」或「捲入」到他的創造物裡。赫米斯學者相信，這個過程與藝術家、作家或發明家的心靈創作過程一致，那些人被深深捲入到他們的心智創造物裡，以至於幾乎忘了自己的存在，他們在當下幾乎就是「活在自己的創造物裡」。如果我們用「全心投入」來取代「捲入」，也許能讓讀者更容易理解。

這種無意的創造階段有時也稱做上天能量的「傾出」，而演進階段則稱為「內聚」。創造過程的起點被認為是距離造物者最遠的點，而演進階段的開端，則被認為是鐘擺回盪的開始——這是所有赫米斯學說都秉持的「回歸原點」概念。

根據赫米斯學說，在上天能量「傾出」的期間，能量振動頻率變得愈來愈低，直到最後驅動力停止，然後開始往回盪。但這兩個階段的差別在於，在「傾出」階段，創造力是如同整體一樣緊密呈現的，然而從演進或「內聚」階段開始，就出現了個體化定律——也就是創造力被分割成好幾個單元。所以到最後，當初出自造物者尚未個體化的能量，後來透過在物質、心智與心靈的演進上愈升愈高，變成無數個高度發展的生靈，返回其源頭。

關於演進的過程，赫米斯學說的看法是這樣的：造物者在創造之初先進入冥想狀態，建立了宇宙的物質基礎，再用意念將宇宙轉化為存在，然後從冥想中慢慢醒來，之後，便能在物質、心靈和精神層級適當而順利地展開演進的過程。就這樣，向上移動的作用也開始了——一切都開始朝向精神性的目的前進。物質變得不再那麼粗鄙，一切都一躍而入存在的階段，結合物開始形成，生命萌生，而且所展現的形式愈來愈高，心智活動變得愈來愈明顯——能量振動頻率不斷提高。簡言之，演進的整個過程在各方面都依據既定的「內聚」作用定律而展開和進行。

古赫米斯學者用「冥想」一詞描述宇宙在造物者心靈中的創造過程，常使用的還有「沉思」，但這似乎是借用了「Divine Attention」的詞義。「Attention」源自拉丁字根，意思是「伸出」，Attention的行為其實是心智能量的「伸出、延伸」。了解這一點，我們在探究「Attention」的真義時才容易了解其基本概念。

人世間的每一個亙古大輪迴都在進行這一切過程，每一個亙古大輪迴都包含無數個百萬年；但先賢告訴我們，宇宙的整個創造過程，包括投入和演進，對於造物者來說只不過是眨眼的瞬間。

經過無數次的亙古循環之後，最終造物者會收回他延伸出去的意念（他對宇宙的冥想與沉思，因為偉大的工作業已完成），而一切也將回歸到當初的起源——造物者。然而最奧妙的是，每個靈魂都未被消滅，而是無止境地擴張發展——被創造者與造物者融合在一起。這就是先賢的啟示！

以上關於造物者「冥想」與「從冥想中醒來」的闡述，是導師為了盡量貼切描述那個無限的過程而舉的一個有限的例子。「其上如其下」，所謂的差異，只是程度上的問題。當造物者從對宇宙的冥想中甦醒時，人類（到時）也停止在物質層級的展現，並且一點一點地使自己回歸至固有的精神本質，也就是「天賦自我」。

還有一件事是我們想要在這一章提到的，這個問題很接近對玄學領域的思考、探索，雖然我們的目的只是想證明這種思索方式的徒勞無益。我們先提一下所有放膽追求真理的思想者難免會想到的一個問題，那就是：「為什麼造物者要創造宇宙？」問的方式也許有很多種，但大致的意思是這樣。

人類竭盡所能地追尋解答，但答案都不值得一提。有人竊以為，造物者欲藉此而有所得，但這個想法很荒謬，因為造物者能從他本來就沒有的東西中得到什麼？有人從造物者「需要某種事物來愛」的觀點去尋找答案、有人認為他是為了自我滿足或自娛、或是因為他「很寂寞」、或是為了展現他的力量——這些幼稚愚昧的解釋和觀點，跟小孩子的想法沒有兩樣。

有人試圖以這樣的假設來解釋這個神祕現象——造物者發現自己的固有本質（他的「創造天賦」），基於這個原故而「不得不」去創造。這個觀點比其他人先進，但其缺點在於，他認為造物者是會迫於任何情勢所趨的，無論內在或外在。假如造物者的「固有本質」或「創造天賦」能迫使他做任何事，那麼絕對的力量就會是那個「固有本質」或「創造天賦」，而不是造物者，所以這個假設也是失敗的。

然而，造物者的確有創造和展現力量的事實，而且似乎也從中得到某種滿足。我們無可避免的會導出這樣的結論——在某種無限的程度上，造物者必定具有某種等於「固有本質」或「創造天賦」的特質，相對應的，那種特質展現在人類身上，就是有限的欲望和意志。造物者不會行動，除非他願意行動；造物者不會願意行動，除非他有欲望去行動；造物者不會有欲望去行動，除非他能夠因此得到某種滿足。以上這些都屬於一種「固有本質」，而且根據一致定律，或許就是決定存在的先決條件。不過，我們仍然寧願認為，造物者的行動是不受任何內在與外在影響的。這是一個根本的難題——而困難處就在於問題的根本。

嚴格說來，我們不能說造物者的行為是有任何「動機」或什麼的，因為有「動機」就表示有「原因」，但造物者是超越在因果之上的，除非他願意成為一種原因，而此時因果法則才開始運行。所以，你知道，這個問題是不可想像的，正如造物者是不可知的一樣。就像當我們說造物者「如何如何」的時候，我們只是不得不這麼說——「造物者行動，就是因為它要行動。」說到底，造物者就是自身的全部動機、自身的所有定律、自身的所有行為——或許可說，真的，造物者就是他自己的動機、他自己的定律、他自己的行為——或者更進一步，造物者的動機、行為以及定律是一體的，這些不同的稱法所指的都是同一件事。

我們認為，答案就藏在造物者的內在自我及其存在的神祕性之中。在我們看來，一致法則只觸及到造物者的其中一個層面，也可說是「形成的層面」，該層面的來處是「存在的層面」，在這個層面上，所有的定律都迷失在造物者的定律當中，所有的法則都融合到造物者的法則和造物者之中。造物者的法則與存在是完全相同的，一模一樣，而且合而為一。因此，玄學在這方面的思索是徒勞無益的。我們在此探討這件事，只是為了表明我們明白這個問題，也明白玄學與神學的庸俗答案有多荒唐。

最後，學習者們也許有興趣知道，古代與現代的赫米斯導師都同意將一致法則運用在與「固有本質」相關的問題上，不過，據說偉大的赫米斯在被資優學習者問到這個問題時，他以緊閉雙唇、不發一語來回應，意思是：**這是沒有答案的**。但後來，或許因為相信連他的資優生都不具有探究學說的領悟力，他才有這樣的哲學格言：「智慧之唇是緊閉的，除非遇到能夠理解的耳朵。」無論如何，就算赫米斯擁有智慧的祕密，他也沒能傳授出去，因為就這個世界而言，赫米斯的雙唇對此是緊閉的。偉大的赫米斯猶豫不說的事情，還有什麼樣的凡夫俗子敢教？

但是，請記住，無論這個問題的答案是什麼（如果必須要有一個答案的話），我們要特別強調的是真理依然不變：「一切都存在於造物者之中，而造物者也存在於一切之中。」最後，我們再補充一段引文做為總結：「能夠實際領悟這個真理的人，就已獲得大智。」

8

各層級之間的一致性

「其下如其上，其上如其下。」

——《卡巴萊恩》

赫米斯七大宇宙法則之中的第二項法則所揭示的真理是，各種現象、生命與存在的七個層級之間有一種和諧一致性。

此真理之所以為真理，是因為宇宙間的萬物都來自於同一個起源，而每一個個體或個體的結合性活動，都遵循著同樣的定律和法則、具有相同的特徵，每一個個體都在自己的層級上展現各種生命現象。

為了便於思考和學習，赫米斯哲學認為可以將宇宙現象區分為三大類，也就是三大層級，分別是：

(1)大物質層級
(2)大心智層級
(3)大精神層級

這種人為的區分方式或多或少有點武斷，不過這三大層級都是生命的大階梯上逐次向上的層級，最低點是無明顯特色的物質，最高點是精神。此外，不同層級之間的交接處是逐漸融合的，所以物質的高階處與心智的低階處、或心智的高階處與精神的低階處並沒有絕對分明的界線。

簡言之，這三大層級可視為生命表現的三大類別。雖然這本小品的目的並不在於做延伸性的探討或解釋，但我們認為此時仍然可以針對這三大層級做一個整體性的說明。

首先，我們可以思考一下初學者往往想迫切了解的「層級」一詞的意義，這一詞在許多近代的奧義書中一直被廣泛使用，但卻鮮少有相關解釋。問題大致是這樣：「層級是一個有次元的地方，或者只是一個情境或狀態？」我們的回答是：「不，它不是一個地方，它不是普通的空間次元，也不只是一種狀態或情境。它也許可以被視為一種狀態或情境，但那種狀態或情境屬於可測量的次元等級。」似乎有點矛盾，不是嗎？讓我們好好檢視一下這個問題。

你知道，「次元是一種與度量單位有關的直線測量。」一般的空間次元是長、寬、高，或長、寬、高、厚或周長，但還有另一種奧義學者和科學家所知的「受造之物」或「以直線測量」的次元——只不過科學家並未採用「次元」一詞——這種新次元就是人們最常猜測的「第四次元」，用在測定程度或「層級」的標準上。

第四次元也可以叫做「能量振動次元」，這是現代科學及赫米斯學者所熟知的事實，後者以「第三項赫米斯宇宙法則」來揭示這項真理：「沒有什麼是靜止的，一切都在運行，一切都在振動。」從最高以至最低的表現形式，所有一切都在振動之中。所有的事物不僅以不同的運動頻率振動，而且朝不同的方向、以不同的方式振動。振動規模上的度量刻度就是振動「頻率」的程度——換言之，即第四次元的等級，而這些等級構成了奧義學者所謂的「層級」。振動頻率的程度愈高，層級的等級就愈高，在該層級上的生命表現程度也愈高。因此，雖然層級不是「一個地方」也不是「一種狀態或情境」，但它與這兩者有共通的特質。關於振動能量的規模，我們在下一章將有更詳盡的探討。

你應該還記得，這三大層級並非宇宙現象的實際區分，而是赫米斯學者為了幫助思考和學習宇宙活動及生命的各種等級與形式所主觀給予的名詞。物質微粒、力量分子、人的心智和天使長的存在，都是同一個度量尺上各種不同程度的表現，他們在根本上都是一樣的，唯一的不同處只是程度和振動頻率問題——一切都是造物者的創造物，而且只存在於造物者的無限心智中。

赫米斯學者又把三大層級中的每一個區分成七個次層級，每一個次層級又再細分成七個小層級，層級交接處是逐漸交融的，因此所有的次層級或小層級的區分或多或少都有點武斷，這樣區分只是為了科學研究和思考的方便。

大物質層級

大物質層級及其七個次層級是對宇宙現象的區分，宇宙現象包括關於物理、物質、力量和各種表現形式的所有一切。它包括我們稱之為物質，以及我們稱之為能量或力量的所有形式，但是你必須記住，赫米斯哲學並不認同物質是「事物本身」，也不認為物質有獨立的存在——即使在造物者的心智中。

這個學說的主張是，物質不過是能量的一種形式——也就是，處於某種低振動頻率的能量。因此赫米斯學者將物質分類到能量之下，而且在大物質層級之下的七個次層級裡，就包含了三種能量層級。

這七個物質次層級是：

(1)物質層級(A)。
(2)物質層級(B)。
(3)物質層級(C)。
(4)以太物質層級。
(5)能量層級(A)。
(6)能量層級(B)。
(7)能量層級(C)。

物質層級(A)是由固態、液態和氣態形式的物質所組成，和一般物理教科書所認同的一樣。物質層級(B)的組成包含形式較高級和較微妙的物質，現代科學認定為輻射物，例如鐳就屬於這個次層級中更低階的一個小層級。物質層級(C)的組成包括最微妙、最纖細的物質，其存在是一般科學家無法察覺的。以太物質層級包含科學上所提到的「以太」，那是一種極纖細、極具彈性、遍布於全宇宙的物質，也是傳送能量波動（例如光、熱、電……等等）的介質。以太在物質和能量之間形成一個聯結，並且帶有兩者的特性。然而，赫米斯學說指出，這個次層級包含了七個小層級（就像所有的次層級一樣），所以事實上總共有七種以太，而不是一種。

緊接在以太層級之上的是能量層級(A)，其組成是為科學所知的一般形式的能量，他的七個小層級分別是熱、光、磁力、電、引力（重力、內聚力、化學親合力等等）以及其他幾種業經科學實驗證實、但尚未命名或歸類的能量形式。能量形式(B)所包含的七種小層級的更高級能量形式，科學尚未有所發現，但我們稱之為「大自然的微妙力量」，能在某些心智現象的展現中發揮作用，使那些現象成為可能的存在。能量層級(C)所包含的七個小層級的組織程度甚高，故能負載「生命」的許多不同特色，但這是一般發展層級上的人類心智無法識清的，只有發展到精神層級的人才懂得使用——像這樣的能量是一般人無法想像的，因此幾乎被視為「神的力量」；運用這種能量的人，則被視為「即使與我們所知的最高等人相比也超出許多」的「神」。

大心智層級

大心智層級包括我們一般生活中所指的「有生命的東西」，以及除了奧義學者之外一般人不大了解的其他種類。七個心智次層級的分類，也許適宜、也許有點武斷（除非有異於這個獨特研究的目的而另做的詳盡闡述），但我們仍要提及，分別如下：

(1)礦物心智層級
(2)基本心智層級(A)。
(3)植物心智層級。
(4)基本心智層級(B)。
(5)動物心智層級。

(6)基本心智層級(C)。

(7)人類心智層級。

礦物心智層級

包括基本個體或存在物的「狀態或情況」，或基本個體或存在物的群聚和結合物，這些基本單位或存在物形成了我們所知的礦物質和化學物質等等。我們不能把這些存在物與分子、原子、粒子等弄混了，分子、原子和粒子只是這些存在物的構成物質，而不是「存在物本身」——就像一個人的身體只是他的形體，而不是「他本身」。

這些存在物在某種意義上可以稱為「靈魂」，而且是發展、生命與心智程度較低的生命體——只稍稍高過於構成最高物質層級中較高的小層級之「生命能量」的基本個體。

凡人的平庸心智不會認為礦物具有心智、靈魂或生命，但是，所有的奧義學者卻都這麼認同，而現代科學也正迅速接納赫米斯學說在這方面的觀點。分子、原子和粒子有他們自己的愛與恨、喜與憎、吸引與排斥、親與疏等等，某些大膽的現代科學人士甚至認為，原子也有欲望、意志、情緒與感覺，只是在程度上與人類有所差異；不過，我們沒有時間也沒有篇幅針對這點做詳細論述。所有的奧義學者都知道這是事實，有的人則旁徵博引最近的科學研究以為佐證。這個次層級之下也細分為七個小層級。

基本心智層級(A)

包含一群存在物心智與生命發展的狀態、情況和程度，一般人並不知曉，但卻為奧義學者所了解。一般人的感官無法察覺這些存在物，但他們確實存在，而且在宇宙的舞臺上扮演各自的角色。他們的才智程度介於礦物與化學存在物和植物界之間。這個次層級之下也有七個小層級。

植物心智層級

植物心智層級之下又分為七個小層級，包含組成植物界的存在物的狀態或情況，連才智平庸的凡人也相當熟知植物界的生命與心智現象，過去十年來出現了許多關於「植物的心理與生命」新穎有趣的科學研究。就跟動物、人類、超人類一樣，植物也具有生命、心智與「靈魂」。

基本心智層級(B)

基本心智層級(B)之下也分為七個小層級，包含一些「基本」或無形存在物的較高等狀態與情況，這些存在物在宇宙的運行中各自發揮作用，其心智與生命程度介於植物心智層級與動物心智層級之間，帶有兩者的特質。

動物心智層級

動物心智層級之下有七個小層級，包含存在物、生靈或靈魂的狀態和情況，驅動了我們都熟悉的動物形式的生命。在此不需詳細探究這個領域及其生命層級，因為我們對動物界就跟對人類世界一樣的熟悉。

基本心智層級(C)

基本心智層級(C)之下有七個小層級，這個層級的存在物或生靈，和所有基本形式的一樣是無形的，在某種程度上帶有動物與人類生命特質的結合，最高的形式擁有相當於半人類的才智。

人類心智層級

人類心智層級之下有七個小層級，包含一般人（各種等級、程度、層級）生命與心靈的展現。在此我們想指出一個事實，**今日的一般人位於人類心智層級的第四個小層級上，只有最聰穎的人才能跨越界線，進入到第五小層級之中**。人類經過數百萬年的時間才達到這個階段，而進入第六和第七小層級以及之後的更高階段，將要花更多的時間。不過請記住，在我們之前已有其他生物穿越了這些層級，並且繼續朝向更高層次發展，而我們人類才剛剛踏上第五小層級（仍有落後者正從第四小層級走來），準備向前邁進。在人類當中，也有少數心靈修為超越群眾的人，他們已經跨越到第六和第七小層級，其中有些人仍在向上發展中。在第六小層級之中的人算是「超凡之人」，第七小層級的則可以說是「入聖之人」。

在探討七個心智次層級之時，我們僅對其中三個基本層級做概略介紹。我們不想在本書中針對這個主題做深入的探究，因為它並不是這個一般性哲學和學說的一部分，但我們至少約略提及，好讓你對這些層級之間的關係有一點清楚的概念——基本層級與礦物、植物、動物、人類心靈和生命之間的關係，就跟鋼琴上黑鍵與白鍵之間的關係一樣。雖然白鍵就足以譜成樂曲，但有些音階、旋律與和弦卻少不了黑鍵的演奏。這些基本層級也是其他幾個層級之間不可或缺的靈魂狀況以及存在物狀態的「聯結」，如此才能產生某些形式的發展——能夠從以上「字裡行間領略」進化過程的弦外之音的讀者，才能取得不同領域間「飛躍生命」的祕密之門的鑰匙。

所有奧義學者對於基本法則的領域都有透徹的認知，而且他們的神祕奧義作品中也充分提到。讀過布爾維（Bulwer）作品《札諾尼》或類似故事的人，對於這些生命層級中的存在物就能有所體會。

大精神層級

從大心智層級跨越到大精神層級時，我們該怎麼描述？對於尚無法領略與了解更高小層級上的人類心智的人，我們要怎麼向他們解釋這些更高等狀態的生靈、生命與心智？

這是不可能達成的任務，因為我們只能用最普通的詞彙來表達。一個天生眼盲的人，要怎麼向他解釋光明？一個從未吃過糖的人，要怎麼向他解釋甜味？一個天生耳聾的人，要怎麼向他解釋和諧之音？

我們只能說，大精神層級的七個次層級（每個次層級又有七個小層級）包含了擁有生命、心智和形體且超越今日人類的生靈，就像人類超越了蚯蚓、礦物、甚至某種形式的能量或物質。這些生靈的生命發展程度目前已超越我們，其詳細情況甚至是我們無法想像的；他們的心智發展程度也遠遠超越我們，因此在他們看來，我們根本不能算是會「思考」；構成他們形體的物質屬於最高級的物質層級，不僅如此，據說有人甚至「披覆著純粹的能量」。對於這樣的生靈我們該用什麼樣的言語才能形容？

在大精神層級的七個次層級之中，存在著我們也許能稱做天使、天使長、半神祇的生靈。那些我們稱之為大師和天才的偉大靈魂，位居較低階的次層級上，在他們之上是人類無法想像的天使團大階層，再上層者則被人尊稱為「神」；他們所處的位階是那麼的高，以至於他們的存在、才智和力量在人類有限心智的觀念中被認為是具有神性的。這些生靈的層級甚至超越人類最高層次的想像，因此只能用「神」來稱呼他們。

天使團以及許多的這些生靈，對於宇宙的各項事務都抱持極大興趣，並在這些事務中扮演重要角色。這些人類看不見的神和救援天使，在萬物和宇宙進化的過程中，極度、無限地擴展他們的影響力。他們在人類事務上偶然的干預與援助，後來變成了過去以及現代的許多傳奇、信仰、宗教和傳統。他們將自己的智慧一次又一次超凡地運用在這個世界上，但當然，是依據造物者的定律。

然而，即使是發展程度最高的生靈，也只是以造物者心智創造物的身分存在於造物者的心智之中，並且需遵循宇宙進化與宇宙定律，他們仍非不死之身。我們盡可以稱他們為「神」，但他們仍是人類的前輩——超越人類而發展先進的靈魂，為了幫助人類在通往精通真理之術的道路上能夠順利前進，他們放棄了被造物者召喚回極樂境地的機會。然而，他們仍屬於宇宙，並臣服於其環境——他們非不死之身——他們的層級在至高的精神層級之下。

只有發展程度最高的赫米斯學者能夠領略關於存在狀態，以及展現於精神層級的力量的核心學說。精神層級的現象，其層次遠高於心智層級的現象，因此當有人試圖解釋時，必定會產生混淆與困惑。只有心智歷經赫米斯哲學多年嚴謹訓練的人——沒錯，就是那些從前世中取得知識的人——才能理解學說中關於這些精神層級的敘述。**赫米斯學者所秉持的核心學說，其中許多對一般大眾而言都太神聖、太重要，甚至太危險。**

當我們主張赫米斯學者所說的「精神」的意義類似於「生活力量」、「有生氣的驅動力」、「固有本質」、「生命本質」等時，資質聰慧的學習者也許能了解我們的意思，其意義必定不能與一般所使用的「宗教、教會、精神性的、上天的、神聖的」等詞彙混淆。對於奧義學者來說，「精神」這個詞的使用含有「生氣蓬勃」的意思，並把它灌注到力量、生活能量、神祕的影響力等概念之中。

奧義學者曉得，他們稱之為「精神力量」的東西可以用於惡的一面，正如他可以用於善的一面一樣（根據兩極法則），這是大部分宗教概念中都有的認知，因此有邪惡代表如撒旦、魔王、魔鬼、路西法、墮落天使等等。所以這些層級上的知識一直被保存在所有祕密協會與神祕組織的最神聖之處——聖殿的祕室之中。

這裡特別提醒的是，已獲得高階精神力量並濫用的人，在前方等待他們的是可怕的命運，律動循環法則的鐘擺一定會將他們推回最底部的物質存在層級，他們必須從最低點一路顛簸而行，重新走向精神層級；然而，因自己的惡行而從高處跌落的痛苦記憶會盤桓在腦海一直折磨著他們。墮落天使的傳說，其背後基礎是真實事件，這是所有高度發展的奧義學者都知道的。在精神層級中汲汲營營於自私的力量，結果必定是自私的靈魂失去其心靈上的平衡而墜入深淵，直至其起源處。但即使是這樣的靈魂，仍能獲得重返的機會——不過在重返之途上，恆定定律會讓他們付出可觀的代價。

最後，我們要再一次提醒你一致法則所闡明的真理：「其下如其上，其上如其下。」赫米斯七大宇宙法則在物質、心智與精神的所有大、小層級以及次層級中充分運作。心智本質法則（指唯心法則）當然適用於各層級，因為萬物皆掌握在造物者的心智中。一致法則展現於萬物之中，因為各層級之間存在著和諧一致性。能量振動法則展現在所有層級，正如我們說明過的，造成各「層級」差異的原因，事實上皆源於振動頻率的不同。兩極法則也展現於每個層級中，一件事情的兩極看似對立且矛盾，這就是兩極性。律動循環法則存在於各層級中，所有現象的運行有起落、有興衰、有進出。每個層級中也有因果法則，凡果必有因，凡因必有果。陰陽法則展現在各層級，創造性的能量充滿於各處，並且在陰性與陽性的方面發揮功能。

「其下如其上，其上如其下。」這則流傳千年的赫米斯古諺道出宇宙現象的偉大法則之一。當我們依循其他法則向前進行時，我們能將一致法則中偉大宇宙本質的真理看得更清楚。

9

能量振動法則

「沒有什麼是靜止的，一切都在運行，一切都在振動。」

——《卡巴萊恩》

赫米斯宇宙法則第三項——能量振動法則——所揭示的真理是，宇宙間的萬物都在運行，沒有什麼是靜止的，一切都在運行、振動和循環。某些早期希臘哲人體悟到赫米斯法則，並將之納入其哲學系統中，但其後的數千年，這些法則已被赫米斯學派之外的思想家遺忘。然而到了十九世紀，物理科學家再度發現這個真理，而且之後二十世紀的科學發現，更驗證了擁有數千年歷史的赫米斯學說真理的正確性。

赫米斯學說不僅揭示一切都在持續地運行與振動，更指出各種宇宙力量之間所呈現的差異，完全是由於振動頻率與振動模式不同的原故。不僅如此，連造物者本身都呈現持續振動的狀態，只是他無限的強度與速度，使他看起來就像靜止的狀態一般。赫米斯學說的導師也是這麼引導學習者的：即使是在物質層級上，迅速運行的物體（如轉動的輪子）看起來也會有如靜止一般。學說還指出，精神是能量振動度量尺上的其中一端，另一端則是物質中最粗鄙的形式。在兩個極端之間的是數百萬、數千萬種不同的振動頻率和模式。

現代科學已證實，所有我們稱之為物質和能量的東西，不過就是各種不同的「振動模式」。有的奧義學者認為，心智現象就像能量振動的運作和模式一樣，而有些先進的科學家已迅速地靠向這些奧義學者的觀念。關於物質與能量振動的問題，讓我們看看現代科學家怎麼說。

首先，現代科學告訴我們，就某種程度而言，所有的物質都證明，振動能量源自於溫度或熱度。一個冷的或熱的物體（兩者是同一件事的不同程度），它展現了某種的熱振動能量——也就是說，在運動與振動之中。然後所有的物質微粒，從小粒子到恆星，都在循環運行。行星依著軌道繞太陽運轉，太陽則繞著更大的中心點運轉，而太陽系再繞著更大的中心點運轉，就這樣無止境地重複下去。構成物質的分子處於持續振動的狀態，並且相互圍繞而運行，也保持相互抗衡狀態。構成分子的原子，同樣地，也在不斷地運行與振動。構成原子的粒子，有時也稱做「電子」、「離子」等等，也處於高速運動的狀態，繞著彼此旋轉，形成迅速振動的模式。所以我們知道，所有種類的物質都呈現振動狀態，符合赫米斯學說的能量振動法則。

能量有許多種形式，科學告訴我們，光、熱、磁、電都是以某種方式聯結的振動形式，而且或許是由以太（見一一六頁）發散出來的。科學並未嘗試解釋內聚現象（分子吸引的法則）、化學親和力（原子吸引的法則）以及重力（三者之中最神祕的力量，將物質的每個粒子或團塊相互吸引在一起的法則）的本質；儘管科學尚未充分了解這三種形式的能量，但是我們認為，這三者也是振動能量某種形式的表現，這是赫米斯學者從過去就一直秉持及教導的觀念。

宇宙間的以太得到科學的假定支持，但其本質仍然未被充分了解，赫米斯學者認為它是一種被誤認為是物質的東西——也就是說，是振動程度更高級的物質——的更高層次表現，他們稱之為「以太物質」。根據赫米斯學者的講授，這種以太物質極為纖細且極具彈性，遍布於全宇宙，是用來傳送能量波動（例如光、熱、電……等等）的介質。赫米斯學說揭示，以太在稱為「物質」的振動能量和「能量或推動力」之間形成一個聯結；它所表現出的振動頻率和模式，完全屬於自己的特質。

科學家以高速運轉的輪子、陀螺或滾筒為例，來示範振動頻率逐漸增加的結果。範例當中的輪子、陀螺或滾筒，是以低速旋轉——我們在接下來會稱這種旋轉的東西為「物體」。首先假設一個物體以低速旋轉，它可能看起來轉得很快，但我們聽不到它運轉的聲音。然後轉速逐漸增加，幾分鐘之後它已運轉得相當迅速，我們可以聽到低沉的轟鳴聲。接著，鳴聲隨著轉速的增加而提升一音階。然後轉速持續增加，下一個升高的音聽起來截然不同，然後一個接著一個，直到所有的音調都出現，隨著轉速的增加而愈來愈高。最後，當運轉達到某種速率時，也出現了人耳能夠辨別的最高音，很刺耳，然後刺耳的尖銳聲音消失，出現一片寂靜。旋轉的物體不再發出聲音，轉速之高，音調已上升到人耳聽不到的音域。然後是溫度上升的感知，經過一段時間之後，眼睛所抓到的物體影像變成暗沉的淡紅色。隨著速率增加，淡紅色開始變得明亮；轉速再增加，紅色逐漸變成橘色，然後橘色又變成黃色，接著是綠色、藍色、靛色，最後是紫色。最後紫色消退，所有的顏色也都消失，人眼已經無法辨識出顏色，但是旋轉的物體散發出不可見的光（使用在照相技術上）和其他不容易分辨的光。當物體結構改變時，就開始產生一些奇特的光，也就是我們俗稱的「X光」等等。當振動頻率適當時，物體便會散發電與磁力。

當物體達到某種振動頻率時，它的分子會開始瓦解，分解成原始的元素或原子。然後，原子便依循能量振動法則，再分割成無數個原本用來組成分子的粒子。最後連粒子都消失了，於是物體可以說是由以太物質所組成的。

科學不敢做更進一步的揭露，但赫米斯學者告訴我們，假如振動頻率持續增加，物體會躍上自我展現的成功位階，然後依序表現出各種心智階段，朝向精神層級發展，直到最後重新融入造物者之中，也就是至高的精神狀態。然而，當「物體」達到以太物質的階段後不久，就不再是一個「物體」。除了這一點之外，這個例子（指高速運轉的物體）是正確的，因為它說明振動頻率和模式不斷增加的結果。

各位一定要記住的是，在這個例子當中，在「物體」發出光線、熱度等的階段，物體並不是真的「變成」了那些形式的能量（那些能量的等級高得多），而是它達到了某種的振動程度，使那些能量從限於分子、原子和粒子的形式中獲得解放。這些形式的能量被束縛和限制在物質的結合體當中，雖然它們的層次比物質高得多，但是由於需透過物質並利用物質形式而展現，因此在創造時就被捲入並限制在物質形式裡。相同的道理也存在於萬物之中——創造的力量與創造物合而為一。

不過，赫米斯學說比現代科學看得更深遠。學說告訴我們，思想、情緒、理性、意志或欲望，或是任何心智狀態的所有表現，都伴隨著能量振動，而其中一部分的能量振動發散出來，以「誘導」的方式影響了他人的心智，這就是製造「心靈感應」現象、心智影響和其他以心智凌駕心智的行為與力量的法則，由於這種神祕知識當今受到各學派、教派和導師等等的廣泛宣傳，因此一般大眾已很迅速地熟悉這個法則。

每一種思想、情緒或心智狀態都有其相應的能量振動頻率和模式。透過一個人或他人的意志力，可以複製這些心智狀態，就像音調可以透過樂器經由某種頻率的振動而表現出來一樣——顏色也是用相同的方式複製。將能量振動法則的知識運用在心智現象上，一個人可以把他的心智調節成任何他想要的程度，藉此完美掌控他的心智狀態和心境等；他也可以用同樣的方法影響別人的心智，在他人心中製造他所要的心智狀態。簡言之，他可以在心智層級製造科學在物質層級所製造的東西，也就是「意志的能量振動」。這種力量當然只能透過適當的指導、運作、練習才得以獲得，這種科學是赫米斯智慧的分支之一——心智轉化術。

稍微回顧一下我們所講過的，你會發現大師與專家所展現的完美力量，其基礎就是能量振動法則。那些大師與專家之所以能夠暫且撇開大自然的定律，事實上是運用了以定律對抗另一項定律、以法則對抗另一項法則的方法；他們以改變物體的能量振動或能量形式的方法來達成目的，呈現我們一般所稱的「奇蹟」。

誠如某一位古代赫米斯學者所說的：「了解能量振動頻率法則的人，就能掌握住王權的力量。」

10

兩極法則

「所有事物都是兩極性的，任何東西都有兩極，凡事都有正反兩面。像與不像是相同的；對立的事物在本質上是一樣的，只是在程度上有所不同；物極必反；一切真理皆為半正確的真理；所有的矛盾觀點，都可以被調和化解。」

——《卡巴萊恩》

第四項赫米斯宇宙法則——兩極法則所揭示的真理是，所有事物都有「雙向性」、「兩面」、「兩極」、「正反兩面」，只是在兩個極端之間還存在著各種不同的程度。了解這個法則，就能解釋自古以來一直困惑人心的古老赫米斯格言。

人們總是認同與這個法則類似的話，並且用以下格言、諺語和箴言來努力闡明其義：「凡事同時有對也有錯」、「一切真理皆為半正確的真理」、「所有真理都是半錯誤的真理」、「凡事都有正反兩面」……等等。

赫米斯學說指出，**看似彼此對立的東西，兩者之間的差異僅僅是程度不同的問題**。學說告訴我們，「兩個對立的事件可以得到調和」、「贊成與反對在本質上是一樣的，只是程度不同而已」，以及「對立事件的宇宙調和」是認同兩極法則的結果。

赫米斯導師主張，這個法則的實例——從細部檢視到任何事物的真實本質——隨處可見。他們一開始先說明，精神與物質是同一件事的兩個極端，介於其中的各個層級只是能量振動上的不同程度。他們指出，造物者和萬物是一樣的，差異只在於心智表現的程度，因此，造物者定律與一般定律是同一件事的兩個極端；相同的，造物者法則與一般法則、無限心智與有限心智的關係也是如此。

接下來進入到物質層級，赫米斯學者以「冷熱在本質上是相同的，差別僅在於程度問題」來闡明這個法則。溫度計上顯示著許多溫度刻度，最低點叫做「冷」，最高點叫做「熱」，這兩點之間有許多代表「冷」或「熱」的程度，不管你要說「冷」或「熱」都算對。比這兩點更高的程度總是「較熱」或「較溫暖」，比這兩點更低的程度總是「較冷」。在程度上沒有一個全體適用的標準，溫度計上沒有熱停止而冷開始的地方，完全是較高能量振動或較低能量振動的問題。所謂的「高」與「低」（我們不得不這麼說）是相對的，是同一件事的兩個端點。「東與西」也是——向東環遊世界，然後你會到達一個稱做西邊的點，也就是你的起點，然後你再從那個西邊的點回程；向北走得夠遠時，你會發現自己在向南移動，反之亦然。

光明與黑暗是同一件事的兩個極端，之間存在著各種不同程度。音階也是如此——從C大調開始一路往上，你會遇到另一個C大調，然後一直重複，音階兩端之間的各種差異是一樣的，都是兩個極端之間的不同程度。顏色的色階也是一樣——高頻紫色與低頻紅色之間，只是振動頻率高低的差異而已。大與小是相對的，吵與靜、硬與軟、銳與鈍也是。正與負是同一件事的兩極，之間有無數種程度上的區別。

好與壞不是絕對的——我們稱其中一端為好，另一端為壞；或其中一端為善，另一端為惡。一件事會比位於較高階的另一件事「較差」，但「較差」的事會比次於它的事「更好」，如此反覆下去，「更好或較差」會依據度量尺上的位置而不斷做調整。

心智層級也是如此。一般認為「善」與「惡」是兩種彼此對立的事情、截然不同、無法調和。但這裡我們要應用兩極法則，我們發現沒有絕對的愛或絕對的恨這種東西，這兩者只是用於同一件事的兩個極端的詞彙。從度量尺上的任一點開始，當我們往上時，我們找到「較愛」或「較不恨」；當我們往下時，我們找到「較恨」或「較不愛」；不管從度量尺上較高或較低的哪一點開始，都是同樣的結果。愛與恨都有各種不同的程度，還有折衷的「喜歡」與「不喜歡」，但這種感情太模糊，以至於很難區分；勇氣與恐懼也是相同的道理。到處都存在對立的關係，你找到一件事，就會發現它相互對立的兩個極端。

依循兩極法則，這就是赫米斯學者能夠將心智狀態轉化成另一種心智狀態的原故。**不同類的東西無法彼此轉化，同類的東西則可以被改變，即改變其極性。**因此愛不會變成東方或西方、或紅色或紫色，但愛可以、也往往會變成恨，恨也可以利用改變極性的方式而轉化成愛。勇氣可以轉化成恐懼，反之亦然。硬的東西有其柔軟的一面，鈍的東西可以變得銳利，熱的東西可以變冷……，轉化作用一定只發生在同類而不同程度的東西之間。

舉例來說，一個心懷恐懼的人，在「恐懼－勇氣」的直線上提升他心智的能量振動頻率，他心中就能充滿最高程度的勇氣或無懼。相同的，一個懶散的人只要在「懶散－積極」的直線上改變極性到想要的程度，就可以自我改變成積極、有活力的人。

各種心理科學學派，教導學習者如何在心智狀態中製造變化，遵循這些學說的人，不見得就能輕易了解這許多變化背後的基礎法則。然而，一旦領悟了兩極法則之後，心智狀態似乎受到極性的改變而改變——沿著同一度量尺上移動——就更容易理解問題。但這種轉化，並不是將一件事在本質上變成完全不同的另一件事，而是只在同一件事情的程度上做意義相當重大的改變。

舉例來說，我們借用物質層級打個比方，要把熱改變成銳利、大聲、高度等是不可能的，但熱可以很輕易地被轉化成冷，只要降低能量振動頻率就做得到。同樣的，愛與恨可以相互轉化，恐懼與勇氣也是，但是恐懼不能轉化成愛，勇氣也不能轉化成恨。心智狀態是無法計數的，其中的每種類別都有對立的兩極，兩極之間的任一點都能夠轉化成兩極之間的另一點。

學習者會很容易看出，在心智狀態和物質層級的現象中，兩個極點可以區分成正極與負極。因此愛對恨來說是正極、勇氣對恐懼來說是正極，積極性的對非積極性的來說都是正極。要注意的是，即使對於不熟悉能量振動法則的人而言，一般也會認為正極的程度高於負極，因此很容易就能掌握住這個法則——能彰顯出本質的，是正極的主導性活動。

除了利用兩極法則的藝術來改變一個人心智狀態的極性，我們觀察心智影響之現象的無數層級可以知道，這個法則還能夠擴展到以一個人的心智影響力去駕馭另一個人的心智，這個主題在最近幾年來已有許多相關書籍和課程。當人們了解心電感應是可能的時候，也就是說心智狀態可由他人的「誘導」而產生，那我們就能輕易的了解，某種能量振動頻率或某種心智狀態的極性如何傳遞給另一個人，使他人心智狀態在該類別的極性因而改變，許多「心靈治療」的結果就是依據這個法則而來。

比方說，有個人很憂鬱、沮喪，並且充滿恐懼感，此時，心智科學家透過受過訓練的意志力，把自己的心智提升到想到的振動頻率，使極性達到想要的程度，然後透過誘導的方式在他人心智中創造一個類似的心智狀態。結果是那個人的能量振動頻率提高了，而且他的心智狀態朝向正極的那端移動，他的恐懼和其他負面情緒亦被轉化為勇氣和類似的正面心智狀態。

稍微研究一下你就會知道，這些心智上的改變幾乎都是極性的變化，是程度、而不是種類上的改變。

了解偉大的赫米斯法則，**有助於學習者更清楚自己以及他人的心智狀態。**他會了解，這些狀態都是程度問題，有了這層理解之後，他就能夠隨心所欲的提高或降低能量振動頻率——改變自己的心智極性，進而掌握自己的心智狀態，並避免成為心智的僕人或奴隸。

擁有這份知識才能夠明智的幫助人們，並且在需要時以適當的方法改變心智狀態的極性。我們要給所有學習者一個忠告，去熟悉兩極法則，對這個法則有正確了解，許多難題將能迎刃而解。

11

律動循環法則

「一切都是流動的，有進有出；所有事物都有其潮汐，凡事有起有落；鐘擺式的律動存在於所有事物中，向左和向右的擺幅一致，兩邊的律動相互補償。」

——《卡巴萊恩》

第五項赫米斯宇宙法則——律動循環法則——揭示，一切事物在物質、心智或精神層級的兩極之間，都展現出可測量的運動、有來有往、流入湧出、來回擺動、像鐘擺式的運動、潮汐般的起落、漲潮退潮。律動循環法則與前一章說明過的兩極法則有密切的關聯，**律動循環作用表現在兩極法則所建立的兩極之間**。然而，**這並不表示鐘擺會盪到極點處**，這很少發生；事實上，大多數的案例很難發生極端對立的狀況，但鐘擺總是朝其中一端擺盪，然後再盪向另一端。

有作用力就有反作用力，有進就有退，有起就有落。這個道理存在於宇宙、星球、世界、人類、動物、心智、能量和物質中，這個定律展現在世界的創造與毀滅、國家的興起與衰亡、萬物的生與死，以及人類的精神狀態上。

先從造物者精神的展現開始，要注意的是，一直以來有湧出也有流入，如婆羅門所說的：「**婆羅的呼出與吸入。**」宇宙被創造出來，從物質層級的極低點做為起點，然後開始向上發展，於是太陽出現了，然後達到力量的高峰，再進入衰退的過程，萬古之後他們變成死亡的物質群，等待下一次的衝擊，以喚醒內在能量再次展開活動，然後一個新的太陽系生命循環又開始了。所有的宇宙都依循這個法則，他們新生、成長、死亡，只是為了下一次的再生；所有事物的塑造與形成也都依循這個法則，它們的鐘擺從作用擺盪至反作用，從出生擺盪至死亡、從活動擺盪到靜止，然後再回到原點；所有的生物也依循這個法則，他們出生、成長、死亡——然後重生；所有偉大的運動、哲學思想、信條、風尚、政府、國家等等都依循這個法則——出生、成長、成熟、衰退、死亡——然後重生⋯⋯。律動循環作用一直彰顯於萬物之間。

白天之後黑夜降臨，夜晚過後繼以白晝；鐘擺從夏季擺盪到冬季，然後再擺盪回來。粒子、原子、分子及所有一切的物質，都依其本質而律動循環。所有的運動都是律動循環的一部分，因此沒有所謂完全的休息和停止。這個法則是適用於全宇宙的，它可以應用於任何問題或任何生命層級的現象中，也可以應用於所有層級的人類活動。在兩極之間一定有律動循環的存在，宇宙的鐘擺永遠在運行中，生命的潮汐也依循定律而起伏。

律動循環法則已為現代科學所了解，且被視為一項運用於物質事物的宇宙定律。但赫米斯學者的理解更進一步，知道此法則展現於人類的心智活動中並產生影響力，造成我們在自己身上可發現到的一堆情緒、感覺，以及其他苦惱和困惑等心智的變化。不過研究這個法則的運作的赫米斯學者，已經知道如何利用轉化法來避免其中的一些負面影響。

研究赫米斯學說的大師很久以前就發現，儘管律動循環法則是恆定不變的，而且在心智現象上一直明顯可見，但它在心智現象上有兩個表現的層面。他們發現這兩個普遍的意識層級，一低一高，了解這個事實使他們能夠將自己提升到較高的層級，藉此避開表現於較低層級中的律動鐘擺。換言之，鐘擺的律動發生於無意識層級，有意識的層級不會受其影響，他們稱之為中和定律。**它的運作包括將自我提升到超越無意識層級心智活動的振動頻率之上，使得鐘擺的負面擺盪不會表現於意識之中，於是他們才能不受到影響。**這就像把自己的高度提升到超越某件事物之上，讓它從你下方通過一樣。

赫米斯大師，也可說是精通的學習者，把自己的極性調整到想到達的程度，利用類似「拒絕」參與往回擺盪的方式——如果你喜歡，也可以說成「脫離」加諸在他身上的影響力——而堅守在改變極性後的位置上，讓心智的鐘擺穿越無意識層級往回盪。所有已獲得任何程度精通真理之術的人，他們能夠達成這個目標，或多或少是不自覺的，他們拒絕受到自己的心情和負面心智狀態的影響，他們所應用的就是中和定律。然而，屬於更高層精通境界的大師所憑恃的是沉著堅定的意志力，這是讓自己隨著心情與感覺的心智鐘擺來回擺動的人所無法想像的。

任何懂得思考的人都很重視這種意志力的重要性，他們了解，**大部分的人都是心情、感覺與情緒的動物，幾乎從不展現出對自己的控制力**。如果你停下來思考一下，便會了解這些律動是如何在你生命中發揮對你的影響力——一時的激情之後，隨之而來的必定是相對的沮喪感和心情；同樣的，一時奮勇的心情之後，隨之而來的也是同等的恐懼感。大多數的人都是如此——感情的潮汐在他們心中起伏，但他們從不曾想過是心智上的原因或理由。一個人了解這個法則的運作，才能得到情緒律動循環的智慧之鑰，然後變得更了解自己，進而避免受潮汐的擺布而隨波逐流。儘管法則本身是不能被摧毀的，但意志力超越了法則有意識的表現；儘管法則是一直在運作的，但我們可以避免受到它的影響；儘管律動的鐘擺永不停息，但是我們可以避開它的牽制。

律動循環法則的運作還有其他特色，我們想在此提一下。它的運作也包括所謂的補償定律，「補償」一詞的定義或意思是「達到制衡作用」，這就是赫米斯學者使用這個詞的理由。當《卡巴萊恩》提到：「向左和向右的擺幅一致，兩邊的律動相互補償。」指的就是補償定律。

補償定律的運作是，朝其中一個方向的擺動會決定朝另一個方向、或另一個用以平衡或制衡的極點的擺動。在物質層級上，我們可以看到這個定律的許多例子。鐘擺往右擺動到某個幅度，然後也向左擺動同樣的幅度。四季相互平衡和潮汐遵循的也是同樣的定律，這個定律展現在所有律動循環的現象裡。鐘擺朝其中一個方向的擺幅較小，那麼它朝另一方擺動的擺幅也較小；當它向右的擺幅變大時，那麼它向左的擺幅必定也跟著變大。一個物體向上投擲的高度，跟它往下掉落回來的距離是一樣的。用推力將東西發向上射出去一哩，當物體往地面掉落時也會產生相同的力量。這個定律在物質層級中是恆定不變的，公認的權威能證明這一切。

但赫米斯學者更深入探究這個問題，他們主張，一個人的心智狀態也受到相同定律的支配。縱情享樂的人容易遭受極大的痛苦，幾乎感受不到痛苦的人，也幾乎感受不到快樂。舉例來說，豬幾乎不會心情難過，所以牠也幾乎不會感到快樂——這是補償定律。另一方面，有些動物能夠恣意享樂，但牠們神經興奮的感官和性情，會使牠們遭受程度強烈的痛苦，就像人一樣。有些人的性情能夠感受喜悅的程度較少，那麼他所感受到痛苦的程度也較少；有些人的性情能夠感受到極樂的喜悅，那麼他所感受到的痛苦也極深刻。其中的規則是，每個人能容納的痛苦和喜悅是相互平衡的，補償定律充分展現於此。

但赫米斯學者再度更深入探究這個問題，他們主張**一個人能夠享受某種程度的歡樂之前，他的鐘擺必定曾經向這種情感的反方向有過同樣幅度的擺動**。然而，他們相信在這方面，負面感受是發生於正面感受之前，也就是說，在體驗過某種程度的愉悅之後，不見得就一定要體驗相等程度的痛苦當做「代價」；相反的，這份快樂是根據補償定律而產生的回盪，是一個人此生稍早或是前世所體驗到的痛苦的補償——這在痛苦的問題上是一個新的見解。

赫米斯學者認為，生命之鏈是連續不斷的，一個人的一生只是其中一部分，我們必須如此理解律動擺盪定律，否則，若不承認來世的存在，這個定律就變得毫無意義。不過，赫米斯學者也主張，大師或先進的學習者有極佳的能力利用之前提過的中和作用來避免盪向痛苦的那一端。藉著提升到更高層級的自我，就能夠避免和逃離大部分較低層級者所遭受的經驗。

補償定律在世間男女的生命中扮演重要的角色，值得注意的是，**一個人通常要為他所擁有或缺乏的任何事物「付出代價」**，假如他擁有一件東西，他便缺乏另一件以達成平衡，沒有人能夠在同一時間「魚與熊掌兼得」。一切都有其歡喜與討厭的一面；一個人有所得，則必以其所失做為代價；富者之財富遠勝於貧者，而貧者所擁有的往往乃富者所不能及。有的富翁喜好饗宴，財富雖為他帶來滿桌佳餚，但本人卻缺乏享用的胃口，他反倒羨慕勞工的好胃口；勞工雖無富人之財力及喜好，但能從粗茶淡飯中獲得比富人更多的喜悅——儘管富人並非食不下嚥或食欲不振，而是因為他們的欲望、習慣和喜好不同。

補償定律就是這樣貫穿人生，它運行不息，竭力達到平衡與制衡，而且總是及時達成目標，即使律動鐘擺的回盪需要好幾世的時間。

12

因果法則

「有因就有果，有果就有因。一切都依據定律而發生，『偶然』，只是未被了解的定律——原因有各種不同層級，但是沒有任何一個能跳脫出定律之外。」

——《卡巴萊恩》

第六項赫米斯宇宙法則——因果法則——所揭示的真理是一個充塞於宇宙間的定律；沒有事情是偶然發生的，偶然只是一個詞，指的是已存在但未被識出或察覺的原因；現象是連續不斷的，不會中斷，也沒有例外。

因果定律是古代與現代所有科學思想的基礎，關於這點，赫米斯學者早在最遠古時就已經宣示過。自百家思想興起以來，各種紛爭不斷，主要是對宇宙法則運作的細節爭執不下，而且往往對於某些特定用詞的意義也有不同看法。時至今日，因果法則的基礎已為世界上幾乎所有知名的思想家所接受及校正。

然而，有些歧異的想法企圖讓宇宙現象脫離因果法則的支配，貶低它的價值，並將它置於某種想像物的掌控之下，也就是人們所謂的「偶然」。

然而，只要稍微思考一下，任何人就都能了解，事實上根本沒有「純粹的偶然」這種事。韋伯斯特（Webster，韋氏詞典創辦人）給「偶然」一詞的定義是：「一個活動的假定起因或方式，而非驅動力、定律或目的；該起因的運作或活動；該起因的假定效果；一個偶發事件；偶然性；意外……等等。」但稍微思考一下，你會發現根本沒有所謂的「偶然」這種起因，因為它不存在於因果法則的定律之內。

在可由感官感知的宇宙中，怎麼可能有事物能獨立於定律、秩序及秩序的連貫性之外而運作呢？那完全脫離了宇宙秩序，因此是超越宇宙秩序的。我們可以想像得到，沒有什麼能置於造物者之外而超越宇宙定律，只因為造物者本身就是定律。宇宙中沒有任何空間可容納宇宙定律之外和獨立於宇宙定律的事物，那種事物的存在會使所有大自然的定律失效，並將宇宙推入雜亂無序的境地。

你會在審慎的檢視下發現，我們稱之為「偶然」的東西，只是一種用來表達不明的、我們無法察覺的、我們無法了解的原因的詞彙。「偶然」一詞源於表示（骰子）「落下」的一個詞彙，而一般認為骰子落下（以及其他許多事件）只是一個與任何原因都不相關的「偶然事件」。

「偶然」一詞就是在這樣的觀念下被普遍運用，但在仔細的驗證中，我們可以看出，骰子落下並不是出於偶然什麼的，每當骰子落下時會指出一個特定數字，它所遵循的定律與支配太陽周遭行星演進的定律一樣，是正確且絕無謬誤的。回到引起骰子落下的原因，或是一連串的原因，再更往前回到我們甚至還沒注意到的時候：骰子在盒子裡的位置、肌肉在投擲時所釋出的能量、桌子的狀況……等等，這一切的一切都是原因，其結果是可以預見的。但這些可見的原因背後，也有一連串不可見的前提因素，所有這些因素都影響到骰子落下時面向上方那一面的數字。

如果將一顆骰子投擲許多次，你會發現每種數字出現的次數大約是相等的，也就是說，一點、兩點……朝上的次數都是一樣的。向空中投擲一枚硬幣，它掉下時可能會顯示「正面」或「反面」，但當投擲的次數夠多時，正反面出現的次數幾乎是相等的，這就是平均定律的運作，無論平均投擲結果或單次投擲結果都會依循因果定律。

如果我們能夠仔細檢視前提因素，就可以很清楚的看出，在同一個時間、同樣的狀況下，骰子不可能以其他方式掉落。有相同的原因，就會產生相同的結果，每一件事都有「原因」和「原由」，沒有事情的「發生」是沒有任何原因的。

有些人在思考這項法則的時候會產生混淆，因為他們無法解釋一件事情如何去引起另一件事情——也就是成為後者的「創造者」。事實上，從來沒有任何「東西」會引發或「創造」另一個「東西」，因果循環只針對「事件」而言。沒有任何事件可以「創造」另一個事件，那只是從造物者的創造能量流溢出來的一連串井然有序的事件中一個承先啟後的因素。

在所有先前、後續和結果的事件之間，都有一個連貫性，過去的種種以及未來的一切之間存在著相關性。

從山腰間被移開的石頭，砸毀了下方山谷中農舍的屋頂，我們第一眼的反應會看成一種機率，但在仔細探究這個事件之後，我們會發現它背後有一大串的因素。首先，雨水軟化了支撐石頭的泥土，導致石頭掉落；再往前追溯，是陽光和雨水等因素的交互影響，使原本較大的石頭逐漸崩解變小；然後還有導致山形成的原因，以及自然遽變造成的隆起等永無止境的變化。也許我們可以找出下雨背後的因素，也許還可以思考為什麼需要屋頂存在的原因……。

簡而言之，我們會發現自己身陷於因果交織的網絡之中，不過很快的，我們會努力抽身而出。

一個人有兩個父母、四個祖父母、八個曾祖父母、十六個曾曾祖父母……，如此持續下去，直到追溯到……，譬如說四十代好了，祖先的數目已膨脹成好幾百萬人——正如即使是最微不足道的事件，例如從你眼前飛過的一粒煤灰，或現象背後的原因數目一樣。要追溯整件事情是不容易的：這一粒煤灰在世界初始時期它還是大樹幹的一部分、之後轉變成煤……，直到它現在成為在你眼前一閃而過的煤灰汙漬，然後繼續其旅程。

一長串連鎖事件的因果效應使它呈現目前的狀態，而目前狀態也是連鎖事件的一部分，並且從現在起之後的千百年也將繼續製造無數後續事件。

從連續事件之一的一小粒煤灰所產生的事件，就是本段文章要講的故事。這個故事使排字工人、校稿者執行了這項工作，然後在你和其他人的心智中喚起某種想法，然後又影響了其他人……，然後一直一直持續下去，直到超出一個人能思索的範圍——一切都起因於一粒過眼的煤灰，其中一切都呈現出事物間彼此的相關性與關聯性，並進一步導出一個事實：「在造物者的心智中，沒有大，也沒有小。」

暫且別再想下去了。假如在遙遠的石器時代，某位男士沒遇到過某位少女，現在正在閱讀這本書的你或許就不存在；又假如同樣一對男女沒有相遇的話，寫這本書的我們現在或許也不存在。我們寫這本書的行為與你們閱讀這本書的行為，不僅分別影響你我的人生，也會直接或間接影響現在活著且繼續存活好幾年的其他許多人。我們所思考的每個想法、所做的每個行為，都導致一連串因果效應中直接和間接的結果。

基於各種理由，我們並不想在本書中進行關於自由意志或決定論的討論，主要是因為在這個問題上爭論的兩方都完全正確——事實上根據赫米斯學說，兩方都是部分正確的。根據兩極法則，兩方都是半真理，是兩個立場相對的真理。赫米斯學說指出，一個人可以同時是自由的、也是被需求束縛的，就看在字詞上怎麼解釋，以及審視問題時的真理高度。古代學者在探究這個問題時指出：「萬物離中心愈遠，所受到的束縛就愈多；萬物離中心愈近，也就離自由愈近。」

大多數的人或多或少都受到遺傳和環境等所支配，極少展現出自主性。他們被外在世界的意見、習俗和想法，以及他們自己的情緒、感覺、心情等等所左右，缺乏自主性。然而，他們對這樣的說法感到憤慨，反駁道：「哪有？我當然能隨心所欲、隨我喜歡地行動與做事——我所做的就是我想做的。」但是他們無法解釋「所欲」和「喜歡」的由來。比起其他事情，是什麼使他們更「想」做這件事？是什麼使他們更「喜歡」做這件事，而不是做另一件事？他們的「喜歡」和「所欲」難道就沒有「因為」嗎？

大師能夠將這些「喜歡」和「所欲」變成心智度量尺上另一個相對的點，他能夠「因意志而願意」，而不是因為某種感覺、心情、情緒或他人意見所激起的內心意向或欲望而願意。

大部分的人就跟那顆掉落的石頭一樣，屈服於環境、外在影響和內在心情、欲望等等，更不用說遇到欲望和意志力比他們強烈的其他人、遺傳、環境和意見時，就毫無不反抗或毫不運用意志的被擺布。他們的行進就像人生棋盤上的棋子一樣，完成自己分內之事，遊戲結束之後就被擱置一旁。

另一方面，大師們熟知遊戲規則，將自己提升到超越物質層級之上，接觸到更高力量的自我本質，掌控自己的情緒、性情、品格、極性以及周遭的環境，於是成了遊戲中的弈者——而非受控的棋子；成了發揮影響力的原因——而非受到影響的結果。

然而，即使是大師，也無法從更高層級的因果關係中逃脫，但他們會提升到較高層級的定律中，因而能主導較低層級的環境。所以他們能形成定律中有意識的部分，而非盲目的工具。他們在較高層級發展的同時，也能夠支配物質層級。

然而，不管在較高層級或較低層級，定律總是運行不息的，並沒有「偶然」這種東西。盲目女神已被理性放逐，所以我們現在能用被智慧滌清的雙眼來看清楚，一切都在宇宙定律的支配之下，那無數的定律其實是一個大定律的展現——那個大定律就是造物者。

的確，即使涓滴之水也逃不過造物者的法眼——連我們頭髮的數量也是經過造物者計算後的結果——正如古經文所說：沒有什麼能逃脫於定律之外，沒有事情的發生是與定律相違逆的。

此外，**別妄自斷言說人類只不過是盲目的機械人——一點也不是**。根據赫米斯學說，人類可以利用大定律去克服其他定律，高階者必定能勝過低階者，直到最後他達到一個階段，使他在大定律中找到棲身之所，然後笑看萬象間其他卑微的定律。你能領略這句話的內在意涵嗎？

13

陰陽法則

「陰陽存在於萬物之中，凡事都有其陰陽法則，陰陽表現於所有層級。」

——《卡巴萊恩》

第七項赫米斯宇宙法則——陰陽法則——揭示，陰陽展現於萬物之中，陰陽法則一直呈現於所有層級的現象當中與每個層級的生命當中，並發揮其作用。關於這點，我們要請你特別注意，**赫米斯學說中的陰陽與一般所談到的性別是不相同的。**

「陰陽」（Gender）一詞源自於含有「生育、生產、製造、創造、產生」意思的拉丁字根。稍微思考一下，你會發現這個詞比「性別」有更廣泛、更普遍的意涵。「性別」指的是雄性與雌性生物體在生理上的差異，性別只是陰陽在大物質層級的某種次層級上——生物層級——的一種表現形式。

我們希望你牢記這個差異，因為有些對赫米斯學說一知半解的學者，一直試圖把這個法則解釋成與性有關的粗野、荒唐理論和學說，而且往往受到指責。

陰陽的內涵純粹是創造、生產、製造……，而且可見於每個層級的現象中。它在科學上很難得到證實，因為科學尚未承認這項法則的宇宙適用性，話雖如此，我們仍能從科學尋得蛛絲馬跡的證據。

首先，我們發現陰陽法則在粒子、離子或電子中的顯著表現，科學已知粒子、離子或電子是物質的構成基礎，這些東西在特定的結合方式下會形成原子，原子直到最近才被證實是物質最終且不可分割的基礎單位。

科學對原子最新的見解是，它是由許多粒子、電子或質子（根據不同權威而有不同稱法）所組成，這些粒子圍繞彼此而旋轉，並且在高速振動中。而其所伴隨的論點是，原子的形成確實是由於一團帶負電的粒子包圍著一團帶正電的粒子——正電粒子似乎會對負電粒子發揮某種影響力，使負電粒子去採取某些形式的結合，於是「創造」或「製造」出一個原子。這個理論與最古老的赫米斯學說不謀而合，赫米斯學說將陰陽法則中的陽性定義為（所謂的）電性「正極」，而陰性定義為「負極」。

在定義方面，我們有些話要對讀者說。**一般大眾對於所謂的「負極」電性或是磁性的印象，其實是完全錯誤的**——正、負極這兩個詞在這個現象上的用法被科學誤導了，導致我們認為正極是指真實且強烈的某種東西，因此相對的，負極是不真實且微弱的。其實，電所表現出來的現象是千真萬確的，所謂的電池負極是電池真實的一端，用以產生、製造並展現新的能量，一點兒也沒有「負面」的意思。現在，最好的科學權威已用「陰極」來取代「負極」。

陰極（Cathode）一詞源自於含有「血統、產生路徑」等意思的希臘字根。陰極那端會產生電子群或粒子群，也會產生奇妙的「電流」，這在過去十年來已顛覆了傳統的科學觀念。陰極是所有奇異現象之母，老舊教科書於此並無用處，那些奇異現象也使得許多長久以來被接受的理論反被棄於科學思索的垃圾堆裡。陰極，或負極，是電象的母法則（Mother Principle），也是科學上已知最精細的物質形式。

所以你知道，在這個主題上面，依照我們的考量，我們絕對有正當理由拒絕使用「負極」一詞，並且堅持用「陰極」取代舊的用法。在無需考量赫米斯學說的情況之下，事實早已證明我們是正確的，因此當我們講到一個活動的極性時，應該要用「陰極」來取代「負極」。

目前最新的科學觀點是，創造性的粒子或電子是陰性（科學說它們由負電所構成，而我們說它們由陰性能量所構成）。一個陰性的粒子被拉開（或脫離）一個陽性粒子後，展開新的生涯；它積極地尋找帶有一個陽性粒子的結合對象，此外又受到自然力的驅策而製造出新形式的物質或能量。曾有學者甚至有點過度的用「它出於自己的意願，立刻去尋找一個結合對象」諸如此類的說法。

這種分開又結合的作用形成化學界主要活動的基礎，當陰性粒子與陽性粒子結合時，就開始了某種作用。

陰性粒子在陽性能量的影響之下高速振動，並且繞著陽性粒子迅速旋轉，結果產生了新的原子。這個新原子確實是由一個陽性與一個陰性電子（或粒子）的結合所構成的，但是當這個結合體形成原子的時候，它就變成一個不同的東西，有特定的特性，而且不再表現出游離電子的特質。陰性電子與陽性電子分離或拆開的過程叫做「離子化」，這些電子或粒子就是自然界中最具有活力的工作者。他們自結合物中產生，或分離出來，展現出光、熱、電、磁、吸引力、排斥力、化學親和性與疏離性等各種的現象，而這一切都是來自於陰陽法則在能量層級上的運作。

陽性法則似乎能把某種固有能量導向陰性法則，然後開啟創造的過程；然而，處理積極性創造工作的必定是陰性法則——在所有層級都是這樣。

不過，其中任何一個法則若少了另一個法則的輔助，能量就無法運作。在某些形式的生命中，這兩種法則結合成一個生命有機體，在這種情況下，生命界的一切都展現出陰陽兩種性質——一定有陰性形式與呈現在陰性中的陽性形式。

關於陰陽法則在各種能量的產生及展現方面的運作，赫米斯學說有很多的討論，但我們認為現在不適合做深入的探究，因為我們無法用科學證據來支持這個論點——科學還沒進步到這個地步。從我們舉的電子或粒子現象的例子裡，你會發現科學正在往正確的方向發展，你也會從中得到對基礎法則的一般概念。

有些重要的科學研究學者宣稱，他們相信在結晶的形成過程中有相當於「性行為」的活動有待發現，這又是一個科學正確發展的跡象；每一年都有新的事實發現證實了赫米斯陰陽法則的正確性。

陰陽法則也不斷地運作與展現在無機物質、能量或驅動力的領域裡，現在，電已經漸漸被認為是所有其他形式的能量融化或分解而成的「某種東西」，「宇宙的電理論」是最新的科學學說，而且正在迅速流行，並被普遍接受中。因此，我們能夠在電的現象當中發現——甚至就在其表現形式的根源——關於陰陽存在及其活動的一個確切無誤的證據，我們因而有充分的理由要求你相信，科學至少提供了赫米斯陰陽法則存在於所有宇宙現象中的證明。

我們認為沒有必要在此花費你寶貴的時間去了解已廣為人知的原子「吸引」及「排斥」現象、化學親和性、原子粒子的「愛」與「恨」、物質分子間的吸引或吸附作用，我們不需針對這些大眾都太熟悉的事實再做延伸性的討論。

但你可曾想過，這一切都是陰陽法則的展現？你難道看不出來這些粒子或電子現象都是一致的？更重要的是，赫米斯學說主張**重力定律**（由於奇特的吸引力，宇宙間所有的粒子和物體會互相靠近）**就是陰陽法則的另一種表現，其運作方式是陽性能量受到陰性能量吸引，反之亦然**，你難道看不出來它的合理性嗎？

此時我們尚無法提出科學證明，只能從赫米斯學說的角度檢視這個議題上的現象，然後看看你能不能研究出一個比任何物理科學所提出的假定更好的假設。把所有的物理現象都加以檢驗，然後你可以辨識出所有顯而易見的陰陽法則。

接下來，讓我們思考一下心智層級的運作，許多有趣的特質在等待你的審視。

14、心智陰陽法則

真正的赫米斯轉化法是一門心智上的藝術。

——《卡巴萊恩》

追逐現代思潮的心理學學生，在心智現象上都因二元心智概念的流行而受到影響；由於過去十年或十五年來二元心智概念的表現非常強勁，使得不少論述「二元心智」本質及結構的貌似有理的理論趁勢崛起。已故的湯馬斯．胡森（Thomson Hudson，英國心靈研究學者）在一八九三年推動其知名理論「客觀與主觀心智」而名聲大噪，他認為每個人都同時具有客觀與主觀心智。其他提出關於意識與潛意識心智、自發與非自發心智、積極與消極心智等理論的學者，也幾乎獲得相同程度的矚目。雖然各派學者的理論各異，但基礎法則都是「二元心智」。

每個學派都會冥頑地支持自家理論，也都宣稱他們已「找到真理」，因此赫米斯哲學的學習者在看到或聽到有關二元心智的許多「新理論」時，往往只是一笑置之。赫米斯哲學學習者追溯神祕的奧義學的歷史，直到奧義學說初現的晦暗時期，找到古老的赫米斯學說中心智層級上陰陽法則（心智陰陽法則的展現）的指引。在進一步審視之後，發現這個古老哲學已認知到「二元心智」的現象，並且以心智陰陽理論來闡明。

對於已經很熟悉前述那些現代理論的學習者，我們可以用簡短的話來解釋心智陰陽的概念。心智陽性法則相應於所謂的客觀心智、意識心智、自發心智、積極心智等，而心智陰性法則則相應於所謂的主觀心智、潛意識心智、非自發心智、消極心智等。當然，赫米斯學說並不認同許多現代理論對於這兩種心智層面本質的觀點，也不認同那些理論在這兩種層面上所主張的論據——那些理論和主張都太過牽強，無法通過任何驗證和論證的考驗。我們指出認同的問題，只是為了幫助學習者消化才剛學到的赫米斯學說知識。

胡森學派的學習者會注意到，胡森博士在《心靈現象的定律》第二章一開頭的聲明：「赫米斯哲學家的神祕術語，所揭露的是同一個普遍觀念。」指的就是心智的二元性。假如胡森博士肯花點時間和力氣去稍微解讀「赫米斯哲學家的神祕術語」，也許就能對「二元心智」的議題有更深層的領悟了——但若如此，他最有趣的那本作品或許也就不會問世了。現在，讓我們來好好思索赫米斯學說的心智陰陽法則。

赫米斯學說的導師將自己在這方面的知識傳授給學生的方法是，要求他們審視他們對「自我」意識的描述。學生被要求把注意力放到內在的自我，每位學生獲得指引而看到他的意識對於自我存在的第一個描述是「我」。乍看之下這樣似乎就結束了，但再進一步的檢視後所揭露的是，這個「我」可以被分開或切割成兩個不同的部分，或兩個不同的層面，儘管能夠結合使用，但在意識上是可以分開的。

一開始似乎只存在一個「我」，但是經過更仔細嚴謹的審視之後發現，其實存在的是「客觀我」和「主觀我」。這對心智雙胞胎無論在特徵或本質上都不相同，在探究它們出自於同源的本質和現象之後，對於心智影響方面的許多問題會有更多的認識。

我們先思考一下主觀我，主觀我常被學習者誤解為客觀我，直到他稍微用意識思索一下這個問題。一個人認為他的自我（主觀我方面）是由某種感情、喜好、厭惡、習慣、特殊關係、個性……等構成的，這一切造就了他的人格，或可說是他和其他人所知道的「自我」。他知道這些情緒和情感會變化、會發生也會消失、會遵循律動循環法則和將他從感情的這一端帶到另一端的兩極法則；他也認為「主觀我」是某種聚集在他心智中的知識，進而形成他的一部分。這就是一個人的「主觀我」。

說到這裡，我們已經進展得太快了。許多人的「主觀我」可說大部分是由其身體意識和生理食欲等所構成，他們的意識大部分與生理天性緊緊相繫，可說是「生長於斯」。有些人甚至扯得更遠，將個人外觀視為「主觀我」的一部分，似乎認為外觀就是他們的一部分。曾有位學者幽默地說：「人由三個部分所組成——靈魂、身體和服裝。」如此說來，假如這些「服裝意識」的人因為遭受船難而失去衣服，他們就會因此而喪失自己的人格。不過，即使是沒那麼執迷於個人衣冠的人，其中仍有許多十分忠於身體意識，把身體意識視為「主觀我」。他們無法想像有一個獨立於身體之外的自我，他們的心智對他們來說差不多就是「屬於自己身體的某個東西」——確實許多人都這樣認為。

但是**當一個人把意識的強度提高時，他就有能力將「主觀我」與身體概念分開，並且把身體視為自己心智的「所有物」**。此時，他會以心智狀態、情感……等他覺得存在於自己內部的東西來定義整個「主觀我」。他會認為這些內在狀態就等於自己，而不認為它們只是由自己心智的某部分製造出來的「東西」並存在於他的內部——屬於他、存於心，但仍不是「他自己」。他認為只要靠意志的努力就能改變內在情感的狀態，而且可以用同樣的方法來製造一種性質完全相反的情感或心智狀態，但同一個「主觀我」仍然存在。一段時間之後，他能夠將各種的心智狀態、情緒、感覺、習慣、品格、個性，以及其他個人心智所有物暫時拋開——放到好奇、妨礙和珍貴資產等的「非主觀我」類別中。達到這個境界，學習者需要花許多精神與心力去思索和分析，這對於高深的學習者而言是可能做到的，但即便是程度沒那麼高深的學習者，也能在想像中看到整個過程是怎麼運作的。

經歷了這個「放下」（暫且拋開）的過程，學習者會發現自己意識到擁有一個具有「客觀我」與「主觀我」二元層面的「自我」。這個「主觀我」就像是某種心智上的東西，思想、概念、情緒、感覺和其他心智狀態都由此產生。它可被視為「心智的搖籃」，誠如古人的比喻法——有孕育心智產物的能力。學習者意識到「主觀我」有創造和生產各式各樣心智產物的潛力，它的創造能量是極巨大的。似乎可以察覺到的是，「主觀我」在能夠創造心智產物之前，必須接受來自於自己的「客觀我」或他人的「客觀我」某種形式的能量。這層體悟為心智思考和創造能力帶來了無可限量的能力。

但學習者很快察覺，這只是他內在意識的一部分。他發現，有另一種心智上的東西能夠促使「主觀我」依循某些創造性方法而行動，那個東西也能夠袖手旁觀，目睹心智的創造。這部分的自我叫做「客觀我」，學習者能夠隨心所欲的停留在它的意識中。在心智運作的逐步過程裡，他發現把「客觀我」投射到「主觀我」的，並不是一個生產和積極創造的意識能力，而是一種感應和覺察的能力——心智創造開始與進行的「自願」過程。他也發現，「客觀我」能夠抽離到一旁，然後目睹「主觀我」的心智創造與生產運作。在每個人的心智中都有這樣的二元性；**「客觀我」代表心智陰陽中的陽性法則，而「主觀我」代表的是陰性法則；「客觀我」代表的是「存在」的方面，「主觀我」代表的是「成為」的方面。**你會注意到，一致法則在這個層級的運作，就如同它在創造宇宙大層級中的運作方式一樣。這兩者本質相近，但程度上卻有天壤之別，「其下如其上，其上如其下。」

被認為與眾所皆知的心智與精神現象有關的兩個層面——陽性與陰性法則、「客觀我」與「主觀我」，為鮮為人知的心智運作和心智表現領域提供了開啟大門的智慧之鑰，而心智陰陽法則則為心智影響現象的領域提供了真理的基礎。陰性法則的趨向是接受，陽性法則的趨向是付出。陰性法則的運作範圍比陽性法則更為多變，它所執行的任務有製造新思想、概念、構想等，也包括想像；陽性法則以在各層級中的「意志」工作，來達到圓滿的結果。然而，儘管沒有陽性法則「意志」的積極輔助，陰性法則仍能以製造心像來完成工作，此心像即從外界接受到的影響所產生的結果，而不是原始的心智創造物。

能夠一直積極關注並考慮思考某一個主題的人，就會在心智創造的過程中使用到陽性法則和陰性法則，也使用到刺激與驅動心智創造部分的陽性意志。大部分的人確實都會用到陽性法則，但用得很少，而且根據從他人心智的「客觀我」灌輸給他們「主觀我」的思想和觀念，而滿足於當下的生活。但這不是我們現在要思考的議題，這個議題可以從任何一本好的心理學教科書中學習，並運用我們提供給你在心智陰陽法則的智慧之鑰。

心靈現象的學習者們，了解心靈感應、思想傳遞、心智影響、暗示聯想之類的奇妙現象；許多人借助各種「二元心智」導師的理論，來為各方面的現象尋求一個解釋。從某種角度上來說，他們是對的，因為這兩種不同層面的心智活動都有明確的證明。但假如這些學習者能從赫米斯學說的能量振動和心智陰陽法則的觀點來思索「二元心智」，就會了解長久以來追尋的智慧之鑰原來就在身邊。

我們可以從心靈感應的現象中看到，陽性法則的振動能量如何被投射到另一個人的陰性法則上，然後接受者讓萌芽的思想種籽發展成熟——暗示與催眠也以同樣的方式運作。給予暗示之人的陽性法則，將振動能量或意志力導向其他人的陰性法則，後者接受後便把它當做自己的東西，並據以行動及思考。一個觀念就這樣植入到另一個人的心智之中，並且成長、發展，然後在適當的時機被視為個人的心智產物。事實上，這就像放到麻雀窩裡的杜鵑蛋一樣，孵出的小杜鵑鳥摧毀了主人的蛋，還把牠的窩當做自己家。

正常的運作方式是，一個人心智中的陽性與陰性法則相互協調，和諧地共同行動，但遺憾的是，一般人的陽性法則太懶散於行動、意志力的展現太不明顯，他們允許有些人幫他們思考、做決定，結果是這種人的心智與意志幾乎完全被那些人所掌控。一般人所做的原始思考或原始行動到底有多麼少？有些人比我們有更強的意志力和心智，大多數人都是那些人的影子和應聲蟲，難道不是嗎？問題在於，**一般人幾乎都處在自己「主觀我」的意識中，並未了解到有「客觀我」的存在**。他的極性停留在心智的陰性法則上，而駐守在意志中的陽性法則就一直被閒置不用。

世界級的偉人，不論男女，都展現了陽性法則意志，他們的力量就取決於這種意志。他們靠自己的意志主導自我心智、隨心所欲的想像、甚至掌握他人的心智，而不依靠別人灌輸給他們的觀念去過生活。看看那些強悍的人是怎麼把思想的種籽植入到一般人的心中，然後使對方依照他們的要求和意願來思考。這就是為什麼一般群眾的思維方式都會像乖順的羊，他們從沒有自己的原創想法，也不使用自己心智活動所產生的力量。

心智陰陽法則的展現，在我們日常生活中隨處可見，有魅力的人能將陽性法則應用於對他人表達自己的想法。演員隨心所欲地讓人流淚、哭泣，就是在運用這個法則；成功的演說家、政治家、傳教士、作家或其他吸引群眾目光的人也是。某些人所發揮出來勝過他人的特殊影響力，就是由於陽性法則的展現，以及振動能量的原故。在這個法則當中藏有個人吸引力、個人影響力、魅力……等的祕密，也包括一般被歸類為催眠術的現象。

熟悉所謂「通靈」現象的學習者會發現，在這個現象中有一個很重要的部分，就是科學上稱之為「暗示聯想」的力量，意思是將一個概念轉化或「刻記」到另一個人的心智的過程或方法，使那個人根據那樣的意念而行動。為了明智地領悟各種以「暗示聯想」為基礎的心理現象，我們必須對「暗示聯想」有正確的了解。不過，對於學習「暗示聯想」的人而言，更需要的是能量振動和心智陰陽法則方面的知識，因為「暗示聯想」的全部法則都取決於心智陰陽法則與能量振動法則。

研究「暗示聯想」的學者和導師習慣的解釋是：「在『主觀』或『非自發性』心智上製造心靈印象（又叫做『暗示聯想』）的，是『客觀』或『自發性』心智。」只是他們並未說明其過程或解釋其本質，否則我們能更容易理解這個概念。然而，你若能以赫米斯學說的角度去思考這個問題，就會了解，**陰性法則的能量是由陽性法則的振動能量所供給**，這個事實符合宇宙定律的本質，我們可以從自然界無數的例子中了解這個法則。

事實上，赫米斯學說證實，宇宙的創造也遵循相同的定律，這個陰陽法則——陽性與陰性法則的展現，必定運作在所有的創造表現上，以及精神、心智和物質層級上，「其下如其上，其上如其下。」不僅如此，一旦領悟與了解心智陰陽法則之後，就能慧辨與研究心理層面的各種現象，而不用在黑暗中摸索。這個法則確實「有效」，因為它是以永恆不變的宇宙生命定律為基礎。

到此，我們就不再深入討論或說明心智影響或心靈活動的各種現象。在這個主題上有許多寫得相當好的書，這些書中所主張的主要論據是正確的，儘管仍有好些學者想用自己所研發出的最得意理論來解釋那些現象。學習者可以藉此讓自己熟悉相關問題，並透過運用心智陰陽理論，就能夠在各種矛盾的理論與學說間所產生的混亂中理出秩序；如果一個人虛心向學，很有可能更容易讓自己成為這個議題上的大師、專家。

這項研究的目的並不是要為心理現象提供一個廣泛的說明，而是要為學習者提供一把智慧之鑰，好讓他開啟進入知識殿堂的幾扇門，探索他有興趣的領域。我們認為在卡巴萊恩學說的這層考量上，也許有人能夠找到一個合理的解釋（開啟許多扇門的鑰匙）來釐清許多費解的難題。探究各種心理現象與心智科學特色的所有細節，對於讓我們隨時具備提供給學習者的工具，使他熟悉自己感興趣的主題中的任何層面，是有幫助的。

有了《卡巴萊恩》的幫助，學習者可以自由穿梭任何神祕書庫，獲得啟蒙了許多黑暗扉頁與模糊議題的古埃及明燈，這才是本書的目的。我們並沒有要闡揚一項新的哲學，而是要架構起一個偉大世界的輪廓——能夠解釋其他學說的古老學說——來做為諸多歧見（各種理論和對立的學說）的大調解者。

15
赫米斯格言

「擁有知識，若不使用或表現於行為之中，就像儲藏起來的財寶一樣，只是無用又愚蠢的東西。知識如同財富，是要拿來使用的。使用的定律舉世皆然，破壞這個定律的人會因為與自然力衝突而遭受磨難。」

——《卡巴萊恩》

赫米斯學說一直被牢牢地鎖在幸運持有者的腦海中，原因我們之前已經說過了，但其實它從不打算只成為一種被束之高閣的神祕知識。使用的法則就存於學說之中，以上所引用的文字正是《卡巴萊恩》的嚴正主張，你從中便可窺之一二。未經使用和表達出來的知識是沒有用處的，不能為持有者或其種族帶來益處。貪多無益，須加善用；要把你所學表現到行為上——研究格言與警句，並且付諸實行。

我們從《卡巴萊恩》中舉出幾個較重要的赫米斯格言，再加上一點註解。讓它們成為你的資產，經常練習與使用，因為直到你使用之前，它們都還不能算是你的資產。

★ ★ ★

「改變你的能量振動頻率，才能改變你的情緒或心智狀態。」——《卡巴萊恩》

一個人可以透過意志的努力來改變他的心智振動頻率，要特意專注在想要成為的狀態上。意志會導引專注力，而專注力會改變振動頻率。

利用意志培養專注的技巧，你就解開了掌握情緒與心智狀態的祕密。

★★★

「摧毀不要的心智振動頻率，讓極性法則運作，並專注在你想壓抑的對立極點上，利用改變極性的方式去除掉不想要的心智狀態。」

——《卡巴萊恩》

這是赫米斯準則中最重要的其中之一，它的基礎是實在的科學法則。我們已經向你證明過，某種心智狀態及其對立的心智狀態，只是同一件事的兩個極端，透過心智轉化術，可以逆轉其極性。現代心理學家知道這個法則，他們應用這個法則來破除不想要的習慣，方法是叮囑學生專注於對立的特質上。如果你心懷恐懼，別浪費時間嘗試去對它「趕盡殺絕」，而是要培養勇敢的性格，恐懼自然會消失。

有些學者以暗室為例，為這個概念做了最有力的說明。你不用剷光或掃光黑暗，只要打開開關或讓光線進來，黑暗就會消失。**想消滅某種負面特質，就要專注於同一特質的正**

極，能量振動頻率會從負面逐漸改變至正面，直到最後你從負面的極點被改變到正面的極點上。反之亦然，許多人都有這樣的悲哀，因為他們允許自己不斷地振動於事情的負極上。藉著改變你的極性，你可以掌控自己的情緒、改變你的心智狀態、察覺你的性情，和建立你的個性。高深的赫米斯學者之中有許多駕馭心智的高手，就是應用了這個極性法則，而這個法則正是心智轉化法的重要概念之一。記住這則赫米斯格言（之前引用過）：

「心智（以及金屬和元素）在狀態、程度、情況、極點和振動能量上，是可以相互轉變的。真正的赫米斯轉化法，是一門心智上的藝術。」——《卡巴萊恩》

掌控極性法則，就是掌控了心智轉化法或心智煉金術的基礎法則，因為一個人除非獲得了改變自己極性的技巧，否則他還是無法影響自己的環境。了解這個法則，能使一個人有能力改變自己和他人的極性，只要他願意付出為了精通此道所需的時間、心力、研究和反覆練習。這個法則就是真理，但所獲得的結果有賴於學生堅持不懈的耐心和練習。

★ ★ ★

「運用改變極性的智慧，可以中和律動循環作用。」

——《卡巴萊恩》

如同我們在前面幾章說明過的，赫米斯學者主張，律動循環法則展現在心智層級與物質層級；他們也主張，一連串複雜紛亂的心情、感覺、情緒和其他心智狀態，是由於心智鐘擺的來回擺動，將我們從感覺的其中一個極端帶到另一個極端的結果。赫米斯學者也教導，中和定律能夠給一個人很大的力量，讓他有意識地克服律動循環的運作。

如同我們說明過的，有一個較高級的意識層級、也有一個一般的較低意識層級存在，大師會將心智提高到較高的層級上，而心智的鐘擺則在較低的層級上擺盪，於是位於較高層級的大師就逃脫了鐘擺回盪的影響。這是在較高層級改變自我極性的結果，並因此將自我的心智振動頻率提升到超越一般的意識層級之上。那就像把你提升到某個東西之上，然後讓它從你下方通過一樣。

高深的赫米斯學者在正極端將自己的存在狀態改變為「客觀我」，而不用改變他個性的極性，或是「拒絕」和「否定」律動循環法則的運作；他把自己提升到超越於原本的意識層級之上，然後堅定地守在自己所主張的存在狀態中，讓鐘擺在較低的層級往回盪，而不用改變自己的極性。這是所有具備任何程度自我控制的人的自然反應，無論他們懂不懂得這個定律。這樣的人只是單純「拒絕」讓自己隨心情和情緒的鐘擺往回盪，然後堅定地守在他們所處的正極端的優越地位。但當然，大師的程度遠為一般人所不能及，因為他了解這個定律，所以他用一個更高階的定律來克服它，而且他利用意志所獲得的平衡狀態和心智的堅決，是那些允許自己隨著心情和感覺的心智鐘擺來回擺盪的人幾乎無法想像的。

請牢記，你不是真的在摧毀律動循環法則，因為它是不可摧毀的。你只是用某一個定律去制衡另一個定律，然後維持均衡狀態。平衡與制衡定律都在心智與物質層級上運作，了解這些定律才能與之抗衡，因為我們懂得使用制衡定律。

★★★

「沒有什麼能跳脫於定律之外，然而因果關係有許多層級，所以我們可以利用高階定律來克服低階定律。」

——**《卡巴萊恩》**

了解如何改變自己的極性之後，赫米斯學者把自己提升到較高層級的「因」，以此來制衡較低層級上的「果」。藉著提升到超越一般「因」的層級之上，在某種程度上，他們成為發揮影響力的「因」，而不是受到影響的「果」。因為能支配自己的情緒和情感、也能中和鐘擺的律動作用（如之前說明過的），他們能夠逃離一般層級上因果關係絕大部分的影響。

一般大眾就像人生棋盤上的棋子，隨波逐流且屈服於環境、別人的意志和欲念比他們更強烈、固有天性的影響、他人對他們的意見，以及其他外在因素等，這些全都成為左右他們的力量。

高深的赫米斯學者將自己提升到超越於這些有影響力的因素之上，追尋心智行為的更高層級，然後藉著支配自己的心情、情緒、衝動與情感，為自己創造新的個性、品格與力量，並用來克服環境劣勢，才能成為有主導權的下棋者，而非被支配的棋子。

像這樣的人才能融會貫通地主導他的人生賽局，而不是被更強大的影響力、力量或意志所左右。他們善加運用因果法則，而不是被這個法則所運用。當然，即使是最高層級的生靈也要遵循這個法則，因為這個法則也展現在較高的層級中。但在較低層級的活動中，最高層級的生靈是有主導權的大師，而不是受支配的奴隸。

「智者在較高層級上接受支配，但在較低層級上是支配者。他們遵從更高層級的定律，但在自己的層級或更低的層級上，他們有支配與下令權。在這種方式的運作下，他們形成了法則的一部分，而不是反抗這個法則。智者融入定律之中，藉著了解定律的運作，他才能操控定律而不成為定律的盲目奴隸。就像技巧高超的泳者，能夠隨心所欲的轉向、來去自如，而不像漂浮木一樣隨波逐流——這就是智者與凡人的差別——但無論泳者或浮木、智者或愚人，都要遵從定律。熟知此道者才能在通往精通真理之術的道路上暢行無阻。」

——《卡巴萊恩》

★ ★ ★

最後，我們要再請你注意一則赫米斯格言：

「真正的赫米斯轉化法是一門心智上的藝術。」

——《卡巴萊恩》

在上述格言中，赫米斯學者所訓示的是：**影響一個人環境的偉大智慧，要靠心智力量來完成**。這個真理足以解釋各種心智力量所展現的現象，心智力量在二十世紀初期得到許多關注與研究。觀察各個教派與學派的學說，共同不變的是宇宙性的心智本質法則。假如宇宙的固有本質是心靈性的，那麼心智轉化必定能改變宇宙的環境與現象；假如宇宙是心靈性的，那麼心智必定是影響其現象的最高力量。如果能理解這一點，那麼所有所謂的「奇蹟」與「巧奪天工的奇景」似乎也變得平凡無奇。

「萬物唯心造，宇宙即心象。」

——《卡巴萊恩》

New Life

New Life